# HAIR'S HOW

## volume 8

## STEP BY STEP

*55 styles from the world's best stylists*

*55 estilos de los mejores estilistas del mundo*

*55 styles de meilleurs stylistes du monde entier*

# Short hair / Cabello corto / Cheveux courts

HAIR'S HOW, 5645 Coral Ridge Dr #131 Coral Springs, FL 33076
website: www.hairshow.us, e-mail: sales@hairshow.us
Toll-free phone: 1-866-691-0129

# GET THE MOST EDUCATION
## AND STYLES FOR YOUR CLIENTELE
### FROM HAIR'S HOW
### STYLING AND STEP-BY-STEP BOOKS

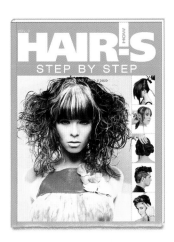

## HAIR'S HOW, vol. 3: STEP BY STEP

This captivating and accurate book showcasing **64 hairstyles** described step by step is simply a must for salon professionals and students.

**2 languages** — English and Spanish
**120 pages. Hard Cover**
**Overall Size** 10'' x 13-1/2''
(254mm X 343mm)

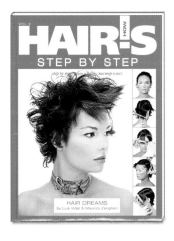

## HAIR'S HOW, vol. 2: STEP BY STEP
## (HAIR DREAMS)

Fabulous collection of **24 best works** by the prominent Italian stylist Maurizio Zangheri with step by step technologies for each cut.

**3 languages** — English, Spanish and Russian
**112 pages. Hard Cover**
**Overall Size** 10'' x 13-1/2''
(254mm X 343mm)

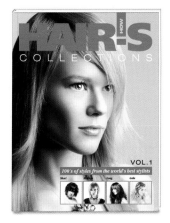

## HAIR'S HOW, vol. 1: COLLECTIONS

Over **130 latest commercial hairstyles** by the best known and respected stylists in Europe and the U.S.! Four sections — short hair, medium hair, long hair and gala hairstyles. **Reception Area Album**

**2 languages** — English and Spanish
**120 pages. Hard Cover**
**Overall Size** 10'' x 13-1/2''
(254mm X 343mm)

## Medium hair / Cabello medio largo / Cheveux moyens

## Long hair / Cabello largo / Cheveux longs

# GET THE MOST EDUCATION
## AND STYLES FOR YOUR CLIENTELE
### FROM HAIR'S HOW
### STYLING AND STEP-BY-STEP BOOKS

+

## HAIR'S HOW, vol. 7: MEN

**"MEN", the book**
**165** men's commercial cuts, colors and styling by the leading
world stylists.
Hard Cover • 120 pages
• Overall Size 10'' x 13-1/2'' (254mm X 343mm)

**+ FREE pull out technical "MEN, step by step"**
32 pages • Soft cover
• Overall Size 10'' x 13-1/2'' (254mm X 343mm)
• 3 languages — English, Spanish and French

+

## HAIR'S HOW, vol. 4: WEDDING

**"WEDDING", the book**
**87 latest bridal styles** to provide ideas
and inspiration for your special occasion.
Hard Cover • 120 pages
• Overall Size 10'' x 13-1/2'' (254mm X 343mm)

**+ FREE pull out technical "WEDDING, step by step"**
32 pages
• Soft Cover • Overall Size 10'' x 13-1/2'' (254mm X 343mm)
• 2 languages — English and Spanish

+

## HAIR'S HOW, vol. 6: 1000 HAIRSTYLES

**"1000 HAIRSTYLES", the book**
1,000 of the best styles from the latest collections of leading
hairstylists worldwide.
Hard Cover • 120 pages
• Overall Size 10'' x 13-1/2'' (254mm X 343mm)

**+ FREE pull out technical**
**"1000 HAIRSTYLES, step by step"**
40 pages • Soft cover
• Overall Size 10'' x 13-1/2'' (254mm X 343mm)
• 3 languages — English, Spanish and French

## Updo styles / Recogido / Coiffure

**Cover / Cubierta / Couverture:**
Bruno Weppe for Any d'Avray

VOLUME 8 / VOLUMEN 8 / VOLUME 8

STEP BY STEP / PASO A PASO / PAS A PAS

Published by / Publicado por / Publié par

HAIR'S HOW
5645 Coral Ridge Drive # 131
Coral Springs, FL 33076, USA
Ph. 1-954-323-8590, Fax 1-951-344-2240
e-mail: publisher@hairshow.us

Short hair / Cabello corto / Cheveux courts

***Hairstyle/Peinado/Coiffure:*** *Antony Mascolo, TIGI*

## Cut

**1.** Establish a side parting from the front hairline, back to the crown

**2.** Place a halo section from the top of the occipital bone to approximately 2 inches in from the front hairline.

**3.** In the back take a central vertical section, comb to 90 degrees and cut to follow the head shape. Cut slightly in the nape area to create a graduated line.

**4.** Continue with slight diagonal forward sections, cut at 90 degrees following the head shape.

**5.** Maintain slight forward diagonal forward sections in front of the ear, cut at 90 degrees, decreasing in length at the hairline. Repeat the technique on the opposite side.

**6–7.** At the front hairline, take vertical sections and cut at 90 degrees to the head shape, creating a soft perimeter.

**8.** Release the halo section. At the back take a pivoting section, elevate to 45 degrees and cut with a razor creating a disconnection with the underneath.

**9–10.** Work around the head with pivoting sections, elevate to 45 degrees and razor cut maintaining a disconnection with the underneath.

## Corte

**1.** Hacer una raya al costado desde la línea del pelo delantera hacia la coronilla.

**2.** Separar una sección con forma de halo desde la punta del hueso occipital hasta aproximadamente 2 pulgadas antes de la línea delantera de pelo.

**3.** Dividir la parte trasera con una raya vertical, peinar a 90 grados y cortar siguiendo la forma de la cabeza. Cortar apenas en la nuca para crear una línea graduada.

**4.** Continuar con secciones diagonales con una pequeña inclinación hacia adelante, cortar en un ángulo de 90° siguiendo la forma de la cabeza.

**5.** Mantener las secciones diagonales con una pequeña inclinación hacia adelante a la altura de la oreja, cortar en un ángulo de 90° decreciendo el largo en la línea del pelo. Repetir la técnica en el lado opuesto.

**6–7.** En la línea del pelo delantera tomar una sección vertical y cortar en un ángulo de 90° respecto de la cabeza creando un perímetro suave.

**8.** Soltar la sección con forma de halo. Tomar secciones a partir de un eje, elevarlas a un ángulo de 45° y cortarlas con una navaja creando una desconexión respecto de las secciones de abajo.

**9–10.** Trabajar alrededor de la cabeza con secciones tomadas desde el mismo punto, elevarlas en un ángulo de 45° manteniendo la desconexión respecto del pelo de abajo.

## Coupe

**1.** Tracer une raie latérale de la bordure frontale vers l'arrière jusqu'à la couronne.

**2.** Dessiner un cercle sur l'occiput à environ 2 pouces de la bordure frontale.

**3.** A l'arrière, prendre une section verticale au milieu, peigner les cheveux à un angle de 90 degrés et couper en suivant la forme de la tête. Couper légèrement dans la nuque pour créer un dégradé.

**4.** Continuer avec des sections légèrement en diagonale vers l'avant, et couper à un angle de 90 degrés en suivant la forme de la tête.

**5.** Maintenir des sections légèrement en diagonale vers l'avant devant les oreilles, et couper à un angle de 90 degrés en réduisant la longueur sur la ligne de contour de la chevelure. Procéder de la même manière de l'autre côté.

**6–7.** Sur la bordure avant, prendre des sections verticales et couper à un angle de 90 degrés de la tête en créant un périmètre doux.

**8.** Libérer la section circulaire. A l'arrière, prendre une section pivotante, la relever à un angle de 45 degrés et couper au rasoir en créant une rupture avec les cheveux d'en dessous.

**9–10.** Travailler autour de la tête en utilisant des sections pivotantes, relever à un angle de 45 degrés et couper au rasoir en créant une rupture avec les cheveux d'en dessous.

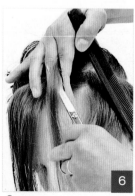

**Hairstyle/Peinado/Coiffure:** *Richard Thompson, Darren Newton, Neil Atkinson for Mahogany*
**Style:** *Eric Nicmand*
**Make-up/Maquillaje/Maquillage:** *Elie Maalouf*
**Photo/Foto/Photo:** *Mike Ruiz*

### Color and cut

1. Decolorize the head to a palest blonde level 10 (depending on the initial base color, use Supermeches or Evolution of the Color Platinum).
2. Create a triangular section (sec.1), forming the vertexes at: the inner edge of the right eyebrow (A);· 8 cm (approx. 3 inches) from the forehead hairline, using the centre of the right eyebrow as a reference point (B); · the hairline in front of the right ear (C) (fig. 1)
3. Create a second triangular section forming the vertexes at: point "A" of section 1; 2 cm or approx. 1 inch behind point "B" of section 1 (D); a point located above the right ear (E) (fig. 2/3/4).
4. Shade section 1 with Color Wear 10.31 + Clearmixed in equal portions.
5. Color section 2 with Color Wear 10.1 + Clearmixed in equal portions.
6. Start by sectioning a triangular section at the front hairline (fig. 1).
7. Take a section through the centre from the crown to the triangular section. A rounded line is cut following the shape of head. Each section pivots from this point to the hairline and is cut straight out from the head. Pay particular attention to the temple area, angling fingers slightly out to maintain more length and weight around the weakest point. Start from the top cut both sides until you reach the top of the ear (fig. 2). Crosscheck your shape.
8. Take your guideline from the previously cut crown area. Use vertical sections and pivot to the centre back. Ensure each section is pulled straight out from the head. Utilize your finger angle to allow for strong hairline movement and mastoid and recession areas (fig. 3). To crosscheck use horizontal sections starting at the crown working towards the nape hairline lifting each section out and slightly up. The back is now complete.
9. The triangular section is cut over directing each section to the first to maintain slightly more length and weight (fig. 4/5).
10. Once blow-dried hair is refined using pointing and slicing techniques.

### Color y corte

1. Decolorar la cabeza al tono más claro de rubio  nivel 10 (dependiendo de la base de color inicial usar, Supermeches o Evolution del Color Platinum).
2. Crear una sección triangular (sec. 1) formando los vértices en el borde interno de la ceja derecha (A); 8cm (aprox. 3 pulgadas) de la línea de la frente usar el centro de la

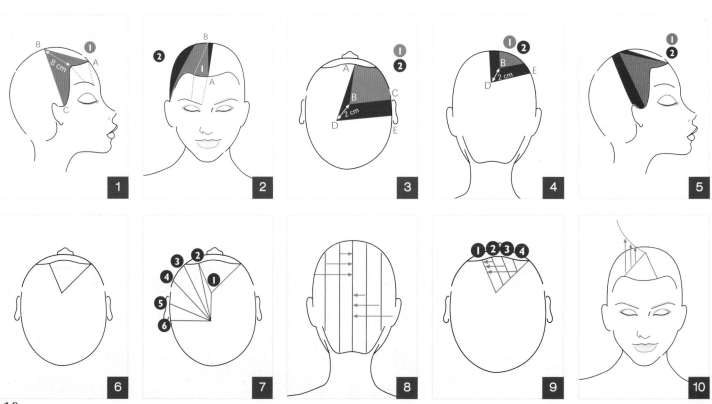

ceja derecha como punto de referencia (B); la línea de pelo delante de la oreja derecha (C) (fig. 1).

**3.** Crear una segunda sección triangular formando los vértices en el punto "A" de la sección 1; 2 cm o 1 pulgada aprox. detrás del punto "B" de la sección 1 (D); a un punto situado sobre la oreja derecha (E) (fig. 2/3/4).

**4.** Matizar la sección 1 con Color Wear 10.31 + Clear mezclado en partes iguales.

**5.** Colorear la sección 2 con Color Wear 10.1 + Clear mezclado en partes iguales.

**6.** Comenzar por separar una sección triangular en la línea delantera del frente (fig. 1).

**7.** Tomar una sección desde el centro de la coronilla hasta la zona triangular. Cortar una línea curva siguiendo la forma de la cabeza. Cada sección gira a partir de esta sección hasta la línea del pelo, cortar en forma recta desde la cabeza. Prestar particular atención al área de las sienes poniendo los dedos en ángulo para mantener mayor largo y más pelo en la zona más liviana. Cortar ambos lados comenzando desde arriba hasta llegar al borde de la oreja (FIG. 2). Chequear nuevamente la forma.

**8.** Tomar de guía la zona previamente cortada de la coronilla. Usar secciones verticales y girar hacia el centro trasero. Asegurarse de que cada sección sea elevada en forma recta desde la cabeza. Utilizar los dedos en ángulo para permitir un fuerte movimiento de la línea del pelo y la zona mastoidea y de las entradas (fig. 3) para chequear, usar secciones horizontales comenzando en la zona de la coronilla, trabajar hacia la línea de la nuca elevando apenas cada sección. Así, la parte de atrás estará lista.

**9.** Cortar la sección triangular llevando cada sección a la primera manteniendo apenas un poco más largo y más pesado. (fig. 4/5).

**10.** Secar el pelo con secador, luego puntear y deslizar la tijera por el pelo.

---

■ ■ **Couleur et coupe**

**1.** Décolorer la chevelure à un blond plus clair de niveau 10 (suivant la couleur de base initiale, utiliser Supermeches ou Evolution de Color Platinum).

**2.** Créer une section triangulaire (sec. 1) avec les sommets à : l'extrémité interne du sourcil droit (A) ; 8 cm (environ 3 pouces) de la bordure frontale, en utilisant le centre du sourcil droit en tant que point de référence (B) ; la ligne de contour de la chevelure devant l'oreille droite (C) (fig. 1).

**3.** Créer une deuxième section triangulaire avec les sommets à : point "A" de la section 1 ; 2 cm (environ 1 pouce) derrière le point "B" de la section 1 (D) ; un point situé au-dessus de l'oreille droite (E) (fig. 2/3/4).

**4.** Colorer la section 1 avec Color Wear 10.31 + clearmixed en proportions égales.

**5.** Colorer la section 2 avec Color Wear 10.1 + clearmixed en proportions égales.

**6.** Commencer par diviser une section triangulaire sur la bordure frontale (fig. 1).

**7.** Prendre une section commençant sur la couronne, passant par le centre et se terminant à la section triangulaire. Couper une ligne arrondie suivant la forme de la tête. Créer des sections pivotant de ce point jusqu'à la ligne de contour de la chevelure et les couper perpendiculairement à la tête. Faire particulièrement attention à la zone temporale en écartant les doigts légèrement vers l'extérieur pour conserver plus de longueur et de poids autour du point le plus faible. Commencer sur le dessus, couper les deux côtés jusqu'à ce que vous atteigniez l'oreille (fig. 2). Vérifier la forme.

**8.** Prendre votre mèche-guide établie sur la couronne coupée précédemment. Utiliser des sections verticales et pivoter jusqu'au centre à l'arrière. S'assurer que chaque section est tirée perpendiculairement à la tête. Utiliser l'angle des doigts pour créer un mouvement de la ligne de contour de la chevelure, des mastoïdes et des zones de récession prononcés (fig. 3). Pour vérifier, utiliser des sections horizontales commençant sur la couronne en travaillant vers la ligne de contour de la chevelure dans la nuque, en relevant chaque section vers l'extérieur et légèrement vers le haut. L'arrière est maintenant achevé.

**9.** Couper la section triangulaire en ramenant chaque section sur la première pour maintenir légèrement plus de longueur et plus de poids (fig. 4/5).

**10.** Sécher la chevelure à l'air chaud et couper en piquetant et en glissant pour finaliser la coupe.

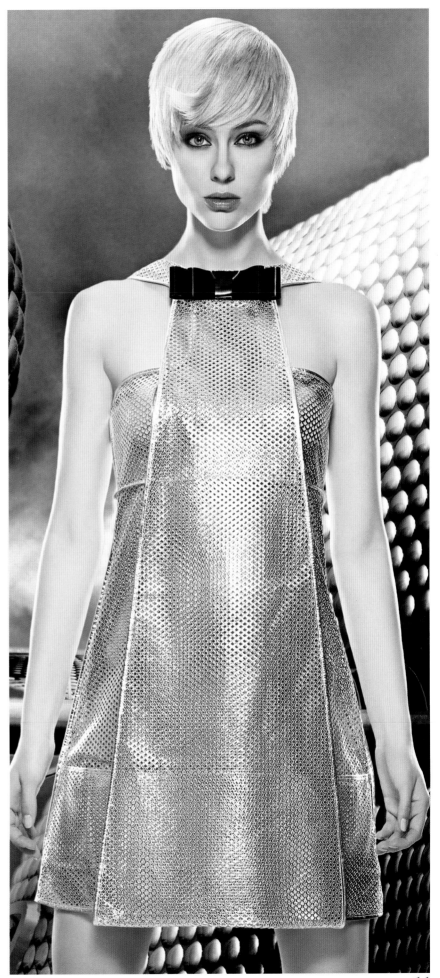

**Hairstyle/Peinado/Coiffure:** *Sanrizz International Artistic Team*
**Make-up/Maquillaje/Maquillage:** *Ginni Bogado*
**Style:** *Elisa Heinesen*
**Photo/Foto/Photo:** *Andres Reynaga*

### Cut

1. Separate a triangular section from the level of the ears to the hairline of the face. Choose the angle of cut, and cut a strand to used as a guide.
2. Continue to cut the triangular section, divide strands by diagonal partings moving to the front area.
3. Continue to cut towards the nape area following the contour of the triangular section. This way allows accentuating the shape of the head.
4. Work with parallel partings, direct the front sections backward to get the external shape.
5. Cut the hair on the other side in the same manner.
6. Start cutting behind the ear. Cut the hair, dividing strands with partings parallel to the hairline, and direct the hair to the existing guideline (the triangle takes shape at this point).
7. This way, move to the middle of the nape reproducing the shape of the hairline to emphasize the shape of the head.
8. Moving away from the side parting, cut an asymmetric fringe. Here, make triangular sections.
9. Work on the contour of the haircut.
10. Pull the hair perpendicularly to the head and cut, using as a guide the strands from the sides to create inner balance of the haircut.

### Corte

1. Comenzar por crear la forma de marco trabajando con secciones triangulares desde el centro de la oreja hacia la línea del pelo delantera.
2. Separar una sección triangular desde el centro de la oreja hacia la nuca. Peinar el pelo siguiendo su caída natural para crear la línea de base.
3. Peinar secciones consecutivas hacia el marco original.
4. Comenzando desde el punto de partición central, separar una sección triangular desde el hueso occipital a la nuca, tomar la base como guía para determinar la forma interna.
5. Desplazarse hacia la oreja siguiendo una guía viajera, y redirigiendo para mantener el peso detrás de la oreja.
6. Las secciones delanteras se redirigen hacia atrás para mantener el largo al frente.
7. Redirigir todo el cabello hacia la línea guía.
8. Cortar el pelo entre los dedos para crear el largo deseado del flequillo.
9. Continuar trabajando con la sección triangular desde el punto de partición central hacia la sien.
10. Tomar una sección triangular desde la coronilla hacia la línea del pelo. Elevar el cabello y cortar recto.

### Coupe

1. Isoler une section triangulaire du niveau des oreilles à la ligne de contour des cheveux sur le visage. Choisir un angle de coupe, et couper une mèche qui vous servira de guide.
2. Continuer à couper les cheveux sur la section triangulaire, séparer des mèches par des raies diagonales en se rapprochant de la zone frontale.
3. Continuer à couper en direction de la nuque en suivant le contour de la section triangulaire. Ceci permet d'accentuer la forme de la tête.
4. Travailler avec des raies parallèles, ramener les sections frontales vers l'arrière pour obtenir la forme extérieure.
5. Couper les cheveux du côté opposé en procédant de la même manière.
6. Commencer à couper derrière l'oreille. Couper les cheveux en séparant des mèches par des raies parallèles à la ligne de contour de la chevelure, ramener les cheveux sur la mèche guide créée précédemment (le triangle prend sa forme à ce moment-là).
7. De cette manière, progresser vers le milieu de la nuque en reproduisant la ligne de contour des cheveux pour accentuer la forme de la tête.
8. En s'éloignant de la raie latérale, couper une frange asymétrique. Créer des sections triangulaires.
9. Travailler sur le contour de la coupe.
10. Tenir les cheveux perpendiculaires à la tête et couper, en utilisant les mèches sur les côtés comme guide pour vous aider à créer l'équilibre interne de la coupe.

*Hairstyle/Peinado/Coiffure:* Wella Professionals
*Products/Productos/Produits:* Wella Professionals

### Cut and color

Initial condition: level of color depth 5.0 (natural base) on the roots and 6.0 through the length and on the ends.
1. Cut a fringe of a rounded shape.
2. Separate two fine triangular sections in the upper nape area.
3. Join the line of the fringe with the hair of temple areas.
4. Decide on the length of the hair in the nape area, press fingers to the neck while cutting. Connect the hair of the nape and temple areas.
5. Establish the length of the hair in the crown area using the technique of point-cutting. Connect the hair of the crown and nape areas.
6. Cut the hair of the isolated triangular sections with a razor to create a soft shape.
7. Separate two diamond-shape sections as shown on the picture and color them with the following formula: Koleston Perfect tint 12/61 (purple ash grey) + 12% Welloxon Perfect (1:2).
8. Apply the same tint to the hair around the sections: separate a first strand in a chunky weave (yellow foil), and a second strand below in a plain slice (blue foil). Color all the hair using this technique.
9. Color the separated diamond-shaped sections in the same manner (make six strands in every section). Allow a time of exposure of 45 minutes without heat. Then wash the hair with Lifetex Color Nutrition Shampoo and apply Lifetex Color Nutrition Color Finishing Cream, comb the hair carefully. When the time of exposure runs out wash the cream away.

### Corte y color

Condición inicial: nivel de la profundidad del color 5.0 (base natural) en las raíces y 6.0 en el largo y puntas.
1. Cortar un flequillo de forma redondeada.
2. Separar dos secciones triangulares angostas en el área superior de la nuca.
3. Juntar la línea del flequillo con el pelo del área de las sienes.
4. Decidir el largo del cabello de la zona de la nuca, presionar los dedos contra el cuello al cortar. Conectar el pelo de la nuca y de las sienes.
5. Establecer el largo del cabello en el área de la coronilla utilizando la técnica del punteo. Conectar el pelo del área de la coronilla y de la nuca.
6. Cortar el pelo de la seccion triangular aislada con navaja para crear una forma suave.
7. Separar dos secciónes con forma de diamante, tal como se muestra en la imagen y teñirla con

la siguiente formula: Koleston Perfect tint 12/61 (gris ceniza púrpura) + 12% Welloxon Perfect (1:2).
8. Aplicar la misma tintura al pelo de alrededor de las secciones: separar una primera mecha y crear una trama (lámina de aluminio amarillo) y una segunda mecha simple, debajo (lámina de aluminio azul). Teñir todo el pelo con esta técnica.
9. Teñir las secciones separadas con forma de diamante del mismo modo (hacer seis mechas en cada sección). Permitir un tiempo de exposición de 45 minutos sin calor. Luego lavar el pelo con Lifetex Color Nutrition Shampoo y aplicar Lifetex Color Nutrition Color Finishing Cream, peinar el cabello suavemente. Cuando el tiempo de exposición ha finalizado retirar la crema con un lavado.

### Coupe et couleur

Condition initiale: niveau de profondeur de couleur 5.0 (base naturelle) sur les racines et 6/0 sur les longueurs et sur les pointes.
1. Couper une frange de forme arrondie.
2. Séparer des fines sections triangulaires dans la nuque supérieure.
3. Réunir la ligne de la frange et les cheveux sur les tempes.
4. Décider de la longueur des cheveux dans la nuque, Couper en exerçant une pression avec ses doigts dans le cou. Connecter les cheveux dans la nuque avec ceux sur les tempes.
5. Etablir la longueur des cheveux sur la couronne en coupant en piquetant. Connecter les cheveux sur la couronne avec ceux dans la nuque.
6. Couper les cheveux des sections triangulaires isolées au rasoir pour créer une forme douce.
7. Séparer deux sections en forme de losange comme indiqué sur la photographie et les colorer avec la formule suivante : Koleston Perfect ton 12/61 (gris cendré violet) + 12 % Welloxon Perfect (1:2).
8. Appliquer le même ton sur les cheveux autour de ces sections : prendre une première mèche et créer une trame (feuille d'aluminium jaune), puis une seconde, sous la première, en tant que mèche simple (feuille d'aluminium bleu). Colorer toute la chevelure en utilisant cette technique.
9. Colorer les sections séparées en forme de losange en procédant de la même manière (faire six mèches dans chacune des sections). Laisser agir 45 minutes sans source de chaleur. Ensuite laver les cheveux avec le shampooing Lifetex Color Nutrition et appliquer la crème de finition couleur Lifetex Color Nutrition, puis peigner soigneusement les cheveux. Lorsque le temps d'application s'est écoulé, rincer la crème.

*Hairstyle/Peinado/Coiffure: Wella Professionals*
*Products/Productos/Produits: Wella Professionals*

## Cut and color
### Coloring formulas

**I.** Koleston Perfect 5/0 (light brown) + 6% Welloxon Perfect (1:1).
**II.** Koleston Perfect 10/0 (very bright blond) + 12% Welloxon Perfect (1:1).
**III.** Koleston Perfect 8/0 (light blond) + 9% Welloxon Perfect (1:1).
Initial condition: natural hair color 4.0 on the roots, 5.0 through the length and on the ends.
**1.** Divide hair into areas as shown on the picture.
**2.** Start cutting from the lower nape area, use a razor. Separate a 2.5 cm wide section and cut the contour line to the level of the hairline.
**3.** Continue to cut moving to the lobe of the ear keeping the hair longer to the face. Work in the same way on the second half of the lower nape area. Reduce the extra volume with a vertical sliding cut.
**4.** Separate the next horizontal section; it should be approximately 4 cm wide. Cut the hair of the section using a predetermined length as a guide. Work on the section with a vertical sliding cut to reduce the extra volume. Continue cutting on the opposite side.
**5.** Comb down the rest of the hair in the nape area and cut in the same manner; use the already established length as a guide.
**6.** Work on the contour of the hair in the side areas, keeping more length toward the face, use the line previously created as a guide. Continue to cut on the opposite side.
**7.** Comb the hair of the top area down to the face and cut it, take strands making radial partings to get a curved line from the tip of the nose to the chin. Continue to create the haircut on the opposite side of the head.
**8.** Separate and cut a guide strand on the crown. Connect the hair of the nape and top areas with help of the guideline.
**9.** Work on the ends of the hair in the fringe area with a vertical sliding cut to make the fringe lighter.
**10.** Divide the hair into sections as shown on the picture.
**11.** Color the hair of the big triangular section making chunky weave by taking horizontal strands; alternate formula II (yellow foil) and III (green foil).
**12.** Apply formula I to the rest of the hair in the section.
**13.** Color the hair of the second triangular section with formula III (green foil), making chunky weave by taking vertical strands. Apply formula I to the rest of the hair in the section.
**14.** Apply formula I to the rest of the hair. Allow a time of exposure of 35 minutes without heat. Wash the hair with Lifetex Color Nutrition Shampoo, apply Lifetex Color Nutrition Color Finishing Cream, and comb the hair carefully. When the time of exposure runs out wash the cream away.

 1
 2
 3
 4
 5
 6
 7
 8
 9
 10

**Corte y color**
Fórmulas de coloratión

**I.** Koleston Perfect 5/0 (marrón claro) + 6% Welloxon Perfect (1:1).
**II.** Koleston Perfect 10/0 (rubio muy brilloso) + 12% Welloxon Perfect (1:1).
**III.** Koleston Perfect 8/0 (rubio claro) + 9% Welloxon Perfect (1:1).
Condición inicial: color natural del cabello 4.0 en las raíces, 5.0 en el largo y en las puntas.

**1.** Dividir el pelo en secciones tal como se muestra en la imagen.
**2.** Comenzar el corte desde el área inferior de la nuca, usar navaja. Separar una sección de 2,5 cm. de ancho y cortar el contorno al nivel de la línea del pelo.
**3.** Continuar el corte yendo hacia la zona del lóbulo de la oreja, manteniendo el pelo más largo hacia la cara. Trabajar del mismo modo con la segunda mitad del área inferior de la nuca. Reducir el volumen sobrante deslizando las tijeras verticalmente.
**4.** Separar la siguiente sección horizontal; debe ser de, aproximadamente 4 cm. de ancho. Cortar el pelo de la seccion utilizando un largo predeterminado como guía. Cortar deslizando las tijeras verticalmente para reducir el volumen sobrante. Continuar el corte en el otro lado.
**5.** Peinar hacia abajo el resto del pelo del área de la nuca y cortarlo del mismo modo, usar el largo establecido como guía.
**6.** Trabajar con el contorno del cabello de los laterales, mantenerlo mas largo hacia la cara, usar la línea creada previamente como guía. Continuar en el corte en el otro lado.
**7.** Peinar el cabello de arriba, hacia adelante y cortarlo, tomar mechas haciendo rayas en forma de rayos, para obtener una línea curva, desde la punta de la nariz hacia la pera. Continuar la creación del corte en el lado opuesto de la cabeza.
**8.** Separar y cortar una mecha guía en la coronilla. Conectar el pelo de la parte superior con el de la nuca con la ayuda de la mecha guía.
**9.** Deslizar las tijeras verticalmente por las puntas del flequillo para hacerlo más liviano.
**10.** Dividir el cabello en secciones tal como se muestra en la imagen.
**11.** Teñir el cabello de la sección triangular grande y crear una trama tomando mechas horizontales; alternar formula II (lámina de aluminio amarilla) y III (lámina de aluminio verde).
**12.** Aplicar formula I al resto del pelo de la sección.
**13.** Teñir el pelo de la segunda sección triangular con formula III (lámina de aluminio verde) y hacer una trama tomando mechas verticales. Aplicar formula I al resto del pelo de la sección.
**14.** Aplicar formula al resto del cabello. Permitir un tiempo de exposición de 35 minutos sin calor. Lavar el pelo con Lifetex Color Nutrition Shampoo, aplicar Lifetex Color Nutrition Color Finishing Cream y peinar cuidadosamente el pelo. Transcurrido el tiempo de enjuagar enjuagar la crema.

 **Coupe et couleur**
Formules de coloration

**I.** Koleston Perfect 5/0 (brun clair) + 6% Welloxon Perfect (1:1).
**II.** Koleston Perfect 10/0 (blond très clair) + 12% Welloxon Perfect (1:1).
**III.** Koleston Perfect 8/0 (blond clair) + 9% Welloxon Perfect (1:1).
Condition initiale: couleur naturelle des cheveux 4.0 sur les racines, 5.0 sur la longueur des cheveux et sur les pointes.

**1.** Diviser la chevelure en zones comme illustré sur la photographie.
**2.** Commencer à couper dans la nuque inférieure à l'aide d'un rasoir. Séparer une section de 2,5 cm de large et couper la ligne de contour au niveau de la bordure frontale.
**3.** Continuer à couper vers le lobe de l'oreille en conservant plus de longueur à proximité du visage. Procéder de la même manière sur la deuxième moitié de la nuque inférieure. Réduire le volume en trop en coupant en glissant verticalement.
**4.** Séparer la section horizontale suivante sur une largeur de 4 cm. Couper les cheveux de la section en utilisant une longueur prédéterminée en tant que guide. Travailler sur la section en coupant en glissant verticalement pour réduire le volume en trop. Continuer à couper sur le côté opposé.
**5.** Peigner vers le bas le reste des cheveux dans la nuque et couper en procédant de la même manière, utiliser la longueur établie comme guide.
**6.** Travailler sur les pointes des cheveux sur les côtés en gardant plus de longueur à proximité du visage. Utiliser la ligne créée précédemment en tant que guide. Continuer à couper sur le côté opposé.
**7.** Peigner les cheveux sur le dessus du crâne vers le visage et les couper, prendre des mèches en traçant des raies radiales pour obtenir une courbe de la pointe du nez au menton. Continuer à créer la coupe du côté opposé de la tête.
**8.** Isoler et couper une mèche guide sur la couronne. Réunir les cheveux dans la nuque et ceux sur le dessus du crâne à l'aide de la mèche guide.
**9.** Travailler sur les pointes des cheveux sur la frange en coupant en glissant pour alléger la frange.
**10.** Séparer les cheveux en deux sections comme illustré sur la photographie.
**11.** Colorer les cheveux sur la grande section triangulaire en créant une trame composée de mèches horizontales ; alterner la formule II (feuille d'aluminium jaune) et III (feuille aluminium verte).
**12.** Appliquer la formule I sur le reste des cheveux dans la section.
**13.** Colorer les cheveux sur la deuxième section triangulaire avec la formule III (feuille d'aluminium verte) en créant une trame composée de mèches verticales. Appliquer la formule I sur le reste des cheveux dans la section.
**14.** Appliquer la formule I sur le reste des cheveux. Laisser agir 35 minutes sans source de chaleur. Laver la tête avec le shampooing Lifetex Color Nutrtion, appliquer la crème de finition couleur Lifetex Color Nutrition, et peigner les cheveux soigneusement. Lorsque le temps d'application s'est écoulé, rincer la crème.

**Hairstyle/Peinado/Coiffure:** *Allen Ruiz, Tristin Morrison, Kurt Kueffner, Aveda*
**Make-up/Maquillaje/Maquillage:** *Janell Greason, Ruby Miles*
**Products/Productos/Produits:** *Aveda*

### Cut and color

**1.** Take a half-moon section that begins at the front hairline and extends 2 inches from hairline. If heavier fringe is desired, extend section farther back. Create next section along parietal ridge, extending past the point of distribution, ending at opposite side. This should resemble horseshoe-shape.

**2.** Take a vertical section that divides the back in two. Take a diagonal section from center back to bottom of ear. To establish length, point-cut. Cutting angle should mirror the section angle.

**3.** As you continue working up head, sections become more horizontal and are slightly elevated. Repeat on opposite side. Completed section.

**4.** Take a diagonal section from center back that extends through to the front hairline. Point-cut a line that becomes shorter toward the front. Use zero degree elevation and no tension to ensure a heavier line.

**5.** Continue taking parallel sections until the side is completed.

**6.** Release horseshoe section. Find natural parting. Take vertical section and point-cut. Use longest lengths from previously cut section to establish guideline. Repeat on opposite side.

**7.** Continue working in vertical sections, slightly overdirecting back. Use previously cut hair as guide.

**8.** Release half-moon section. Take smaller subsections that mirror crescent shape of section. Point-cut curved fringe. Fringe should mirror section angle. Comb hair forward from point of distribution. Personalize by slicing a rounded line to desired length.

**9.** Create a 1½ inch cross-shape section, starting at hairline below ear, working diagonally across head, to 1½ inch behind recession area.

**10.** Apply Blackberry to triangular section at nape.

**11.** Apply Blackberry through section above the ear, from new growth to the ends. Stop application at bottom of recession. Apply Blackberry through same section on opposite side. Wrap section in foil.

**12.** Starting to work through cross section, apply Blue Black from new growth to ends. Continue to work through lower section of cross shape, continue to apply Blue Black through entire section. Wrap in foil.

**13.** Continuing through upper-cross section, apply Blue Black.

**14.** Apply Bold mahogany + 20 Volume through new growth of remaining hair. Apply Bold mahogany + 30 Volume through mid-lengths and ends of remaining hair.

**15.** Apply Sheer Silver mist.

## Corte y color

**1.** Tome una sección en forma de media luna que comience en la línea del pelo delantera y se extienda a 2 pulgadas de la línea del pelo. Si se desea un flequillo más pesado, extienda la sección hacia atrás. Cree las siguientes secciones a lo largo del borde del parietal, extendiéndose hasta pasar el punto de distribución, terminando en el lado opuesto. Esto debe parecerse a la forma de una herradura.

**2.** Tome una sección vertical que divida la parte trasera en dos. Tome una sección diagonal desde el centro trasero hasta la parte inferior de la oreja. Para establecer el largo, puntee. El ángulo de corte debe reflejar el ángulo de la sección.

**3.** Mientras continúa trabajando hacia arriba de la cabeza, las secciones se vuelven más horizontales y están apenas elevadas. Repita en la sección opuesta. Complete la sección.

**4.** Tome una sección diagonal desde el centro de la parte trasera que se extienda todo a lo largo hasta la línea delantera del pelo. Corte en punta una línea que se hace más corta hacia adelante. Use una elevación de grado cero y sin tensión para asegurar una línea más pesada.

**5.** Continúe tomando secciones paralelas hasta que el lado este completo.

**6.** Suelte la sección en forma de herradura. Encuentre la partición natural. Tome una sección vertical y puntee. Use un mayor largo que en la sección cortada previamente para establecer una línea de guía. Repita en el lado opuesto.

**7.** Continúe trabajando en secciones verticales, inclinando apenas hacia atrás. Use el cabello cortado previamente como guía.

**8.** Suelte la sección con forma de medialuna. Tome subsecciones más pequeñas que reflejen la forma creciente de la sección. Puntee el flequillo curvo. El flequillo debe reflejar el ángulo de la sección. Peine el pelo hacia adelante desde el punto de distribución. Personalice con la técnica de "slicing" haciendo una línea circular hasta el largo deseado.

**9.** Cree una sección en forma de cruz de 1½ pulgadas , comenzando en la línea del pelo debajo de la oreja, trabajando diagonalmente a través de la cabeza, hacia 1½ pulgadas detrás del área de las entradas.

**10.** Aplique Blackberry a la sección triangular de la nuca.

**11.** Aplique Blackberry en toda la sección sobre la oreja, desde las nacientes hasta las puntas. Termine la aplicación en la base de las entradas. Aplique Blackberry en toda la sección opuesta. Envuelva la sección con un "foil".

**12.** Comenzando a trabajar con la sección de la cruz, aplique Blue Black desde las nacientes a las puntas. Continúe trabajando por la sección baja de la forma de cruz, continúe con la aplicación de Blue Black a lo largo de toda la sección. En vuelva con un "foil".

**13.** Continuando por la sección superior de la cruz, aplique Blue Black.

**14.** Aplique Bold mahogany + 20 Volume a lo largo de la naciente del cabello restante. Aplique desde la mitad y puntas del cabello restante Bold mahogany + 30 Volume.

**15.** Aplique Sheer Silver mist.

## Coupe et couleur

**1.** Dessiner une section en forme de demi-lune qui débute à la bordure frontale et se prolonge sur 2 pouces à partir de la ligne du contour des cheveux. Si vous désirez une frange plus lourde, prolonger cette section davantage vers l'arrière. Créer la section suivante le long de la crête pariétale, la prolonger au-delà du point de distribution, et terminer du côté opposé. La forme obtenue doit ressembler à celle d'un fer à cheval.

**2.** Tracer une raie verticale qui sépare l'arrière du crâne en deux. Prendre une section diagonale, du milieu de l'arrière du crâne jusqu'au bas de l'oreille. Couper cette section en piquetant pour établir la longueur. L'angle de coupe doit refléter l'angle de la section.

**3.** Tandis que vous continuez à travailler en remontant vers le haut de la tête, les sections deviennent plus horizontales et légèrement allongées. Procéder de la même manière de l'autre côté.

**4.** Prendre une section diagonale, du milieu de l'arrière du crâne, qui se prolonge jusqu'à la bordure frontale. Couper en piquetant une ligne qui sera plus courte sur le devant. Afin d'assurer une ligne plus lourde, travailler à un angle d'élévation de 0 degré, sans aucune tension.

**5.** Continuer à prendre des sections parallèles jusqu'à ce que le premier côté soit achevé.

**6.** Libérer la section en forme de fer à cheval. Identifier la raie naturelle. Prendre une section verticale et couper en piquetant. Utiliser les cheveux plus longs de la section coupée précédemment pour établir votre guide. Procéder de la même manière sur l'autre côté.

**7.** Continuer à travailler en prenant des sections verticales, en les ramenant légèrement vers l'arrière. Utiliser les cheveux coupés à l'étape précédente comme guide.

**8.** Libérer la section en demi-lune. Prendre des sous-sections qui reflètent la forme en croissant de la section. Couper en piquetant la frange en forme d'arc. La frange doit refléter l'angle de la section. Peigner les cheveux vers l'avant à partir du point de distribution. Personnaliser en effilant une ligne arrondie à la longueur souhaitée.

**9.** Créer une section transversale de 1 pouce ½ débutant de la ligne du contour des cheveux au dessus de l'oreille, en travaillant diagonalement sur toute la tête jusqu'à 1 pouce ½ derrière la zone de récession des cheveux de la fronto-temporale.

**10.** Appliquer le coloris Blackberry sur la section triangulaire dans la nuque.

**11.** Appliquer le coloris Blackberry sur toute la section au dessus de l'oreille, des repousses vers les pointes. Arrêter l'application en bas de la récession des cheveux. Appliquer le coloris Blackberry sur la même section du côté opposé. Recouvrir les sections d'une feuille d'aluminium.

**12.** Commençant à travailler sur toute la section transversale, appliquer le coloris Blue Black des repousses aux pointes. Continuer à travailler sur la section transversale inférieure, continuer à appliquer le coloris Blue Black sur toute la section. Recouvrir d'une feuille d'aluminium.

**13.** Continuant sur la section transversale supérieure, appliquer le coloris Blue Black.

**14.** Appliquer le coloris Bold Mahogany + 20 Volume sur les repousses du reste de la chevelure. Appliquer le coloris Bold Mahogany + 30 Volume sur les mi-longueurs et les pointes du reste de la chevelure.

**15.** Pulvériser Sheer Silver.

11   12   13   14   15

***Hairstyle/Peinado/Coiffure:*** *Sanrizz International Artistic Team*

### 🇬🇧 Cut

**1.** To produce the shape through the front comb the hair down and cut your line through your comb.

**2.** Move in to the sides and create your base line making sure you keep the hair in its natural fall.

**3.** Working towards your parting drawing all hair down towards your guide. (Note it is important to minimize tension around the ear).

**4.** Now that the side base line is completed move in to the back taking a diagonal section from the breaking point towards centre back. Use the side as a guide and produce the base line in the back.

**5.** Continue working with diagonal sections to the crown. Drawing the hair to the first section cut under your comb to create a strong base line.

**6–7.** From centre back create your angle working with low-level graduation. Continue working diagonally over-directing back towards your first section. It is important to retain weight in the base.

**8.** Take a diagonal section across the head at the crown and create your shape. Control precision in your cutting.

### 🇪🇸 Corte

**1.** Para obtener la forma, desde el frente peinar el cabello hacia atrás y cortarrecto.

**2.** Hacia los costados crear la línea de base asegurándose de que el pelo siga su caída natural.

**3.** Trabajar desde la raya llevando el cabello para abajo hacia la guía (Nota: es importante minimizar la tensíon alrededor de las orejas).

**4.** Una vez que se completa la línea de base, trabajar con la parte de atrás. Tomar una seccion desde el punto de quiebre hacia el centro trasero. Usar el lado de guia para obtener la linea de base trasera.

**5.** Continuar trabajando con la raya diagonal hacia la coronilla. Llevar el cabello a la primera sección y cortar debajo del peine para crear una linea de base fuerte.

**6–7.** Desde el centro trasero elevar el pelo en un ángulo de baja graduación. Continuar diagonalmente redirigiendo hacia atrás, sobre la primera sección. Es importante mantener el peso en la base.

**8.** Tomar una seccion diagonal a través de la cabeza en la coronilla y crear tu forma. Controlar la precisión en el corte.

### Coupe

**1.** Peigner les cheveux vers le bas et couper votre ligne suivant le peigne pour créer la forme sur le devant.

**2.** Continuer à couper sur les côtés et créer votre ligne de base en vous assurant que vous respectez la ligne selon laquelle les cheveux retombent naturellement.

**3.** En travaillant vers la raie, ramener tous les cheveux vers le guide (Il est important de minimiser la tension autour de l'oreille).

**4.** Maintenant que la ligne de base latérale est créée, progresser sur le derrière de la tête en prenant une section diagonale du point de division vers le centre à l'arrière. Utiliser le côté en tant que guide pour produire la ligne de base à l'arrière.

**5–6.** Continuer à travailler avec des sections diagonales vers la couronne. Ramener les cheveux sur la première section et couper sous le peigne pour créer une forte ligne de base. A partir du centre arrière, créer un angle en travaillant avec une faible élévation.

**7.** Continuer à travailler en diagonale en ramenant les cheveux vers la première section. Il est important de conserver du poids à la base.

**8.** Prendre une section diagonale à travers la tête sur la couronne et créer votre forme. Couper avec précision.

**Hairstyle/Peinado/Coiffure:** *Pascal Van Loenhout, Cecilia Hissler, Toni&Guy*
**Products/Productos/Produits:** *L'Oréal Professionnel*

### Color and cut

**1.** Section the hair as shown in photos 1 and 2.

**2–3.** Color the low nape area and the lateral areas with Diacolour Richess (Raspbery Chestnut hue) + Diacolor Releaser.

**3.** Color the fringe with Luocolor 4.20 (Plum hue) + Luocolor Releaser.

**4–5.** Color the area between the nape and the crown with Majiblonde Hi.B 921 + 12% creme-oxidant, leaving ½ inch from the roots. Color the crown area with Diacolor Richess (Raspberry Chestnut hue) + Diacolor Releaser.

**6.** Separate a triangular fringe area. Unite the crown and the higher nape areas and divide them with a vertical parting into two equal parts.

**7.** Cut the hair of the temple areas holding it at a 45° angle. Separate the strands in diagonal sections.

**8–9.** Cut the lower nape area in the same way.

**10–11.** Cut the laterals similarly.

**12.** Point-cut the higher nape area, separating the strands by horizontal partings and holding the hair at a 45° angle.

**13.** Point-cut the hair of the crown pulling it at 90 degrees, separating the strands with vertical partings. The hair should slightly lengthen towards the crown.

**14–15.** Check the balance of the length, pulling the hair to the central vertical parting.

### Color y corte

**1.** Aislar el pelo como se muestra en las fotos 1 y 2.

**2–3.** Teñir el área baja de la nuca y las áreas laterales con Diacolour Richess (Raspbery Chestnut hue) + Diacolor Releaser.

**3.** Teñir el flequillo con Luocolor 4.20 (Plum hue) + Luocolor Releaser.

**4–5.** Teñir el área entre la nuca y la coronilla con. Majiblonde Hi.B 921 + 12% crema oxidante , dejando ½ pulgadas de las raíces. Teñir el área de la coronilla con Diacolor Richess (Raspberry Chestnut hue) + Diacolor Releaser.

**6.** Separar un área triangular de flequillo. Unir la coronilla y el área superior de la nuca y dividirlas en dos partes iguales con una raya vertical.

**7.** Cortar el área de las sienes sosteniendo el cabello en un ángulo de 45°. Separar las mechas con rayas diagonales.

**8–9.** Cortar el área de la baja nuca del mismo modo.

**10–11.** Cortar los laterales del mismo modo.

**12.** Puntear la parte alta de la nuca, separando las mechas con rayas horizontales y sosteniendo el pelo a un ángulo de 45°.

**13.** Puntear el pelo del área de la coronilla sosteniéndolo a un ángulo de 90°, separando las mechas con rayas verticales. El pelo debe estar un poco más largo hacia la coronilla.

**14–15.** Controlar el balance del largo llevando el pelo hacia la raya vertical del centro.

### Couleur et coupe

**1.** Séparer les cheveux comme illustré sur les photographies 1 et 2.

**2–3.** Colorer la nuque inférieure et les côtés avec Diacolor Richness (nuance Framboise Noisette) + le révélateur Diacolor.

**3.** Colorer la frange avec Luocolor 4.20 (nuance Prune) + le révélateur Luocolor.

**4–5.** Colorer la zone entre la nuque et la couronne avec l'oxydant-crème Majiblonde Hi.B 921+12% en commençant à ½ pouce (un peu plus de 1 cm) de la racine. Colorer la zone de la couronne avec Diacolor Richness (nuance Framboise Noisette) + le révélateur Diacolor.

**6.** Isoler une frange triangulaire. Réunir la couronne et la nuque supérieure, puis les diviser par une raie verticale en deux parties égales.

**7.** Couper les cheveux sur les tempes en les tenant à un angle de 45°. Séparer des mèches par des sections diagonales.

**8–9.** Couper les cheveux dans la nuque inférieure en procédant de la même manière.

**10–11.** Couper les côtés en procédant de la même manière.

**12.** Couper en piquetant les cheveux dans la nuque supérieure en prenant des mèches séparées par des raies verticales, en les tenant à un angle de 45°.

**13.** Couper en piquetant les cheveux sur la couronne en les tenant à 90 degrés et en séparant des mèches par des raies verticales. Les cheveux doivent être légèrement plus longs à proximité de la couronne.

**14–15.** Vérifier l'équilibre des longueurs en ramenant les cheveux sur la raie verticale centrale.

**Hairstyle/Peinado/Coiffure:** *The Teals, Capello Salons / The Teal Academy*
**Make-up/Maquillaje/Maquillage:** *Kamryn Creamer*
**Photo/Foto/Photo:** *Chad Boutin*
**Products/Productos/Produits:** *Paul Mitchell*

### Cut

**1.** Separate the hair at the crown into 4 sections with an X-shaped parting.
**2–3.** Take a strand in the center of the lower triangular section and cut it from the contour towards the top, increasing the angle gradually from 45 to 90 degrees. This will be your guideline.
**4–5.** Cut the hair of the nape area in the same way by pulling the hair to the guideline.
**6.** Point-cut a V-shaped contour at the nape.
**7.** Adjust the contour where necessary by straight cutting.
**8.** Pull the hair behind the ears to the nape and cut, using the hair of the nape area as a guide.
**9–10.** Cut the contour of the laterals, creating a rectangular shape.
**11.** Check the contour by combing all the hair of the front area to the right and then to the left.

### Corte

**1.** Separar el cabello de la coronilla en 4 secciones con una partición en forma de X.
**2–3.** Tomar una mecha en el centro del triángulo inferior y cortarla desde el contorno hacia arriba aumentando el ángulo gradualmente de 45 a 90 grados. Esta será la guía.
**4–5.** Cortar el pelo del área de la nuca del mismo modo llevando el cabello hacia la guía.
**6.** Puntear el contorno de la nuca en forma de V.
**7.** Ajustar el contorno con un corte recto donde sea necesario.
**8.** Estirar el pelo detrás de las orejas hacia la nuca y cortarlo usando el cabello de la nuca como guía.
**9–10.** Cortar el contorno de los laterales creando una forma rectangular.
**11.** Controlar el contorno peinando el pelo de adelante hacia la derecha y, luego, hacia la izquierda.

### Coupe

**1.** Séparer les cheveux sur la couronne en 4 sections par une raie en forme de X.
**2–3.** Prendre une mèche au centre de la section triangulaire inférieure et couper du contour vers le haut en augmentant l'angle progressivement de 45 à 90 degrés. Ceci vous servira de guide.
**4–5.** Couper les cheveux dans la nuque de la même manière, en ramenant les cheveux vers le guide.
**6.** Couper en piquetant un contour en forme de V dans la nuque.
**7.** Ajuster le contour en coupant droit lorsque cela s'avère nécessaire.
**8.** Ramener les cheveux derrière les oreilles vers la nuque et couper en utilisant la zone de la nuque comme guide.
**9–10.** Couper le contour sur les côtés en créant une forme rectangulaire.
**11.** Vérifier le contour en peignant les cheveux sur le devant vers la droite puis vers la gauche.

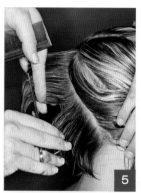

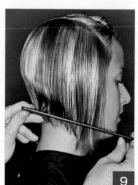

*Hairstyle/Peinado/Coiffure: Fabio Messina, Diadema*
*Make-up/Maquillaje/Maquillage: 20100Milano*
*Photo/Foto/Photo: Stefano Bidini*

### Cut

**1.** Establish the contour of the cut at the back, using thinning shear.
**2.** Work along the perimeter on the left-hand side area. Elevate the contour of the cut 2-3 inches above the chin line.
**3.** Cut the right-hand side area the same way, elevating the contour 4-5 inches above the chin line.
**4.** Separate a triangular fringe area, pull the hair to the ear and cut it in the short-to-long direction.
**5.** Define the contour of the cut along the face, pulling the strands to the front.
**6.** Cut the crown area, shortening the hair from left to right.
**7.** Cut the laterals, shortening the hair towards the face.
**8.** Graduate the hair, separating the strands with diagonal partings.
**9.** Personalize the cut by point-cutting in the desired areas.

### Corte

**1.** Establecer el contorno del corte en la parte de atrás usando las tijeras de entresacar.
**2.** Trabajar a lo largo del perímetro en el lateral izquierdo. Elevar el contorno del corte 2-3 pulgadas sobre la línea de la pera.
**3.** Cortar el lateral derecho del mismo modo elevando el contorno 4-5 pulgadas sobre la línea de la pera.
**4.** Aislar un área triangular de flequillo, estirar el pelo hacia la oreja y cortarlo en dirección de corto a largo.
**5.** Definir el contorno del corte a lo largo de la cara llevando las mechas hacia adelante.
**6.** Cortar el área de la coronilla, acortando el pelo de izquierda a derecha.
**7.** Cortar los laterales, acortando el cabello hacia la cara.
**8.** Graduar el pelo separando las mechas con rayas diagonales.
**9.** Personalizar el corte punteando las zonas deseadas.

### Coupe

**1.** Créer le contour de la coupe à l'arrière à l'aide de ciseaux à effiler.
**2.** Travailler en suivant le périmètre sur la zone du côté gauche. Relever le contour de la coupe de 2 à 3 pouces (environ 5–7,5 cm) au-dessus de la ligne du menton.
**3.** Couper les cheveux dans la zone sur le côté droit en procédant de la même manière, en relevant le contour de la coupe de 4 à 5 pouces (environ 10–12,5 cm) au-dessus de la ligne du menton.
**4.** Isoler une frange triangulaire, tirer les cheveux vers l'oreille et couper de manière à conserver plus de longueur vers l'arrière.
**5.** Définir le contour de la coupe le long du visage en tirant les cheveux vers le devant.
**6.** Couper les cheveux sur la couronne en réduisant la longueur de gauche à droite.
**7.** Couper les cheveux sur les côtés en réduisant la longueur à proximité du visage.
**8.** Dégrader les cheveux en séparant des mèches par des raies diagonales.
**9.** Personnaliser la coupe en coupant en piquetant dans les zones souhaitées.

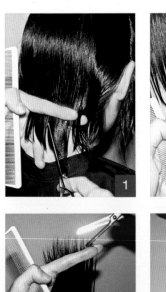

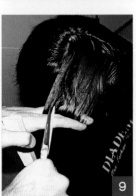

***Hairstyle/Peinado/Coiffure:*** *Natalia Demchenko*
***Make-up/Maquillaje/Maquillage:*** *Tatiana Slavina*
***Photo/Foto/Photo:*** *Zilia Leibova*
***Products/Productos/Produits:*** *L'Oréal Professionnel*

### Color and cut

Initial condition: Level of depth of the natural tint: 5.0, with highlighted ends.

**1.** Highlight some strands in the crown and lower nape areas. Isolate triangle sections in the temple areas and color them using Majirel 8.45 + 6% oxidizer.

**2–3.** Color the hair along the contour with Majirel 6.35 + 6% oxidizer, and color the rest of the hair with Majirel 9.0 + 9% oxidizer.

**4–5.** Separate three sections on the top of the head.

**6.** Isolate a strand in the middle of the lower nape area and point-cut it. Use the strand as a guideline to cut the rest of the hair in the lower nape area. First, pull the hair on the left from the guideline, then on the right, the length of the hair in the nape area must gradually increase toward the face.

**7.** Cut the hair of the temple areas, pulling them toward the face. Slice-cut the ends.

**8.** Cut the hair of the upper nape area, separating the strands with diagonal partings.

**9.** Cut an asymmetric fringe.

**10.** Point-cut the strands to join the top and the temple areas.

### Color y corte

Condición inicial: nivel de intensidad de la tintura natural: 5.0 con reflejos en las puntas.

**1.** Aplicar reflejos en algunos mechones en la coronilla y en el área de la nuca. Aislar una sección triangular en el área de las sienes y colorearlas usando Majirel 8.45 + oxidante 6%.

**2–3.** Colorear el cabello a lo largo del contorno con Majirel 6.35 + oxidante 6% y colorear el resto del cabello con Majirel 9.0 + oxidante 9%.

**4–5.** Separar tres secciones en la coronilla.

**6.** Aislar un mechón en el medio de la parte baja de la nuca y puntearla. Usar este mechón como guía para cortar el resto de la zona baja de la nuca. Primero, elevar el pelo de la izquierda del mechón guía, después a la derecha. El largo del pelo en la nuca debe incrementarse gradualmente hacia la cara.

**7.** Cortar el pelo del área de las sienes elevándolas hacia la cara. Cortar las puntas deslizando la tijera.

**8.** Cortar el pelo de la zona superior de la nuca separando los mechones con particiones diagonales.

**9.** Cortar un flequillo asimétrico.

**10.** Puntear los mechones para unir las áreas de la coronilla y las sienes.

### Couleur et coupe

Condition initiale: Niveau d'intensité de la tinte naturelle : 5.0, avec les pointes éclaircies.

**1.** Colorer des mèches sur la couronne et dans la nuque inférieure. Tracer des sections triangulaires sur les tempes et les colorer en utilisant Majirel 8.45 + oxydant 6%.

**2–3.** Colorer les cheveux le long du contour avec Majirel 6.35 + oxydant 6%, et colorer le reste de la chevelure avec Majirel 9.0 + oxydant 9%.

**4–5.** Tracer trois sections sur le dessus de la tête.

**6.** Isoler une mèche au milieu de la nuque inférieure et la couper en piquetant. Utiliser la mèche comme guide pour couper le reste des cheveux dans la nuque inférieure. Commencer par tirer les cheveux sur la gauche de la mèche-guide, puis sur la droite, la longueur des cheveux dans la nuque doit progressivement augmenter à proximité du visage.

**7.** Couper les cheveux sur les tempes en les ramenant vers le visage. Couper en glissant les pointes.

**8.** Couper les cheveux dans la nuque supérieure en séparant les mèches par des raies diagonales.

**9.** Couper une frange asymétrique.

**10.** Couper en piquetant les mèches pour réunir le dessus de la tête et les tempes.

**Hairstyle/Peinado/Coiffure:** *Mikhail Stez, Marina Kolchanova*
**Make-up/Maquillaje/Maquillage:** *Mikhail Stez*
**Photo/Foto/Photo:** *Roman Kalinin*
**Products/Productos/Produits:** *Hipertin Professional*

### Color and cut

Preliminaries: Wash away the existing color: mix the decolorizing powder Caro de Luna and 3% oxidizer (1:4). Apply the substance to the hair, leave it for approximately 20 min, then emulsify.

**1–4.** Separate the hair into areas as shown on the pictures. Leave loose the hair of the nape and temple areas and the fringe.

**5.** Apply the color Utopik 4/35 + 4/00 + 6% oxidizer (1:1:2) to the loose hair.

**6.** Apply Utopik 6/35 + 9/12 + 6% oxidizer (1:1:2) to the roots of the rest of the hair.

**7.** Apply Utopik 10/6E + 9/12 + 3% oxidizer (2:1:3) to the middle length and ends.

**8–10.** Separate the lower nape area with a bow-shaped parting. Separate the fringe area from the temple areas. Divide the rest of the hair as shown on the pictures.

**11.** With two vertical partings, separate a strand in the center of the lower nape area. Cut the strand at the desired length. Use the strand as a guideline to cut the rest of the hair in the lower nape area.

**12.** Work on the contour of the zone that has had been cut and create a concave line.

**13.** Cut the fringe, dividing strands with vertical partings.

**14.** Fashion the fringe into a rounded shape.

**15.** Join the fringe with the right temple area, creating an oval shape.

**16.** Slide-cut the left temple area, pulling the strands to the face.

**17.** Work on the contour of the left temple area.

**18.** Slide-cut the upper nape area, keeping the hair longer to the lower nape area.

**19.** Create a line of desired shape on the contour of the lower nape area.

**20.** Point-cut the crown area.

## Color y corte

Preliminares: quitar el color existente: mezclar el polvo decolorante Caro de Luna y oxidante 3% (1:4).

**1–4.** Separar el cabello en áreas, tal como se muestra en la imagen. Dejar suelto el pelo del área de la nuca, las sienes y el flequillo.

**5.** Aplicar el color Utopik 4/35 + 4/00 + oxidante 6% (1:1:2) al pelo suelto.

**6.** Aplicar Utopik 6/35 + 9/12 + oxidante 6% (1:1:2) a las raíces del resto del pelo.

**7.** Aplicar Utopik 10/6E + 9/12 + oxidante 3% (2:1:3) a las puntas y partes medias del pelo.

**8–10.** Separar el área baja de la nuca con una raya en forma de arco. Separar el área del flequillo de las sienes. Dividir el resto del pelo, tal como se muestra en la imagen.

**11.** Con dos rayas verticales separar un mechón en el centro del área baja de la nuca. Cortar el mechón al largo deseado. Usar dicho mechón como guía para cortar el resto del pelo de la zona baja de la nuca.

**12.** Trabajar en el contorno de la zona que ha sido cortada y crear una línea cóncava.

**13.** Cortar el flequillo dividiendo mechones con particiones verticales.

**14.** Darle una forma redondeada al flequillo.

**15.** Unir el flequillo con el área de la sien derecha, crear una forma oval.

**16.** Cortar deslizando la tijera a lo largo del pelo de la sien izquierda y llevando los mechones hacia la cara.

**17.** Trabajar en el contorno del área de la sien izquierda.

**18.** Cortar deslizando la tijera en el área superior de la nuca, manteniendo el pelo más largo que el del área baja de la nuca.

**19.** Crear una línea de la forma deseada en el contorno del área baja de la nuca.

**20.** Puntear el área de la coronilla.

## Couleur et coupe

Préliminaires: enlever la couleur existante: mélanger la poudre décolorante Cara de Lune et l'oxydant 3% (1:4). Appliquer la substance sur la chevelure, laisser agir 20 minutes environ, puis émulsifier.

**1–4.** Diviser les cheveux conformément aux photographies correspondant. Laisser libres les cheveux dans la nuque, sur les tempes et sur la frange.

**5.** Appliquer la couleur Utopik 6/35 + 9/12 + oxydant 6% (1:1:2) sur les cheveux libres.

**6.** Appliquer Utopik 6/35 + 9/12 + oxydant 6% (1:1:2) sur les racines des autres cheveux.

**7.** Appliquer Utopik 10/6E + 9/12 + oxydant 3% (2:1:3) sur les longueurs et les pointes des cheveux.

**8–10.** Diviser la nuque inférieure par une raie arquée. Séparer la frange et les tempes. Diviser le reste de la chevelure conformément aux photographies correspondant.

**11.** Isoler une mèche au centre de la nuque inférieure en traçant deux raies verticales. Couper la mèche à la longueur souhaitée et l'utiliser comme mèche-guide pour couper le reste des cheveux dans la nuque inférieure.

**12.** Travailler sur la bordure de la section qui vient d'être coupée et créer une ligne concave.

**13.** Couper la frange en prenant des mèches séparées par des raies verticales.

**14.** Arrondir la frange.

**15.** Réunir la frange avec la tempe droite en créant une forme ovale.

**16.** Couper en glissant les cheveux sur la tempe gauche en ramenant les mèches vers le visage.

**17.** Travailler sur la bordure de la tempe gauche.

**18.** Couper en glissant la nuque supérieure tout en conservant plus de longueur à proximité de la nuque inférieure.

**19.** Créer une ligne de forme souhaitée sur la bordure de la nuque inférieure.

**20.** Couper en piquetant sur la couronne.

***Hairstyle/Peinado/Coiffure:*** *Irina Vasserman*
***Make-up/Maquillaje/Maquillage:*** *Ekaterina Komarova*
***Photo/Foto/Photo:*** *Roman Kalinin*
***Products/Productos/Produits:*** *Wella Professionals*

## Color and cut
Coloring formulas

**I.** Koleston Perfect 6/74 (25g) + 6/43 (10g) + 6% (35g) oxidizer.
**II.** Koleston Perfect 6/74 +6% oxidizer (1:1).
**III.** Koleston Perfect 6/7 + 6% oxidizer (1:1).

**1.** Apply formula I to the roots.
**2–3.** Color the diagonal area from the forehead to the lower nape area strand by strand, alternating formula II and formula III. Color the rest of the hair with formula I.
**4–7.** Divide all the hair into triangle sections as shown on the pictures.
**8.** Cut a straight line into the whole first section, pulling the hair upwards vertically.
**9.** Cut the next triangle section on the top, pulling the hair to the previous section.
**10.** Cut the right section, pulling all the hair to the crown area.
**11.** Cut the section on the other side, pulling the hair to the strands from the first section, which serves as a guideline.
**12–13.** Cut the sections of the nape area, pulling the strands upwards vertically, using the length of the hair from the crown area as a guideline.
**14.** Blow-dry the hair. Slide-cut the fringe to create the shape.
**15.** Soften the transitions between sections.

## Color y corte
### Fórmulas de coloración

**I.** Koleston Perfect 6/74 (25g) + 6/43 (10g) + oxidante 6% (35g).
**II.** Koleston Perfect 6/74 +oxidante 6% (1:1).
**III.** Koleston Perfect 6/7 + oxidante 6% (1:1).
**1.** Aplicar Fórmula I a las raíces.
**2–3.** Colorear mecha por mecha el área diagonal desde la frente hacia la parte baja de la nuca, alternando Fórmula II y Fórmula III. Teñir el resto del pelo con Fórmula I.
**4–7.** Dividir todo el pelo en secciones triangulares como se muestra en la imagen.
**8.** Cortar una línea recta en la primera sección elevando el pelo verticalmente.
**9.** Cortar la siguiente sección triangular superior elevando el pelo hacia la sección previa.
**10.** Cortar la sección derecha elevando todo el pelo hacia la zona de la coronilla.
**11.** Cortar la sección del otro lado estirando el pelo hacia los mechones de la primera sección que sirven de guía.
**12–13.** Cortar las secciones del área de la nuca. Elevando los mechones verticalmente, usar el largo de la coronilla como guía.
**14.** Secar el pelo. Cortar el flequillo deslizando la tijera para darle forma.
**15.** Suavizar la transición entre las secciones.

## Couleur et coupe
### Formules de coloration

**I.** Koleston Perfect 6/74(25g) + 6/43(10g) + oxydant 6%(35g).
**II.** Koleston Perfect 6/74 +6% oxydant (1:1).
**III.** Koleston Perfect 6/7 + 6% oxydant (1:1).
**1.** Appliquer la formule I sur les racines.
**2–3.** Colorer la zone diagonale du front à la nuque inférieure mèche par mèche, en alternant la formule II et la formule III. Colorer le reste des cheveux avec la formule I.
**4–7.** Diviser toute la chevelure en sections triangulaires conformément aux photographies.
**8.** Couper une ligne droite sur la toute la première section en tirant les cheveux verticalement vers le haut.
**9.** Couper la section triangulaire suivante sur le dessus en tirant les cheveux vers la section précédente.
**10.** Couper la section sur la droite en tirant tous les cheveux vers la couronne.
**11.** Couper la section de l'autre côté en tirant les cheveux vers les mèches de la première section, qui servent de guide.
**12–13.** Couper les sections dans la nuque en tirant les mèches verticalement vers le haut, utilisant la longueur des cheveux sur la couronne en tant que guide.
**14.** Sécher les cheveux à l'air chaud. Couper en glissant la frange pour créer la forme.
**15.** Adoucir les transitions entre les sections.

11

12

13

14

15

**Hairstyle/Peinado/Coiffure:** *Sanrizz International Artistic Team*
**Make-up/Maquillaje/Maquillage:** *Ginni Bogado*
**Style:** *Elisa Heinesen*
**Photo/Foto/Photo:** *Andres Reynaga*

### Cut
1. Start by creating your outline shape, working with triangular sections from the center of the ear towards the front hairline.
2. Separate a triangular section from the center the ear towards nape, combing hair in natural fall to create your base line.
3. Subsequent sections are combed to original outline.
4. Start at center breaking points, separate a triangular section from occipital bone to nape, using base as a guide to determine internal shape.
5. Working towards the ear, following a traveling guide, ensuring over_direction is used to retain weight behind the ear.
6. Sections in front of the ear are overdirected back to keep length at the front.
7. Continue to over direct all hair on the existing guide.
8. Cut hair through fingers to create desired length for fringe.
9. Continue working with triangle section from center breaking point to temple.
10. Take a triangle section from crown to front hairline, combing hair directly out from the head to create square internal balance.

### Corte
1. Comenzar por crear la forma de marco trabajando con secciones triangulares desde el centro de la oreja hacia la línea del pelo delantera.
2. Separar una sección triangular desde el centro de la oreja hacia la nuca. Peinar el pelo siguiendo su caída natural para crear la línea de base.
3. Peinar secciones consecutivas hacia el marco original.
4. Comenzando desde el punto de partición central, separar una sección triangular desde el hueso occipital a la nuca, tomar la base como guía para determinar la forma interna.
5. Desplazarse hacia la oreja siguiendo una guía viajera, y redirigiendo para mantener el peso detrás de la oreja.
6. Las secciones delanteras se redirigen hacia atrás para mantener el largo al frente.
7. Redirigir todo el cabello hacia la línea guía.

8. Cortar el pelo entre los dedos para crear el largo deseado del flequillo.
9. Continuar trabajando con la sección triangular desde el punto de partición central hacia la sien.
10. Tomar una sección triangular desde la coronilla hacia la línea del pelo. Elevar el cabello y cortar recto.

### Coupe
1. Commencer par créer votre forme de contour en travaillant avec des sections triangulaires du milieu de l'oreille vers la bordure frontale.
2. Isoler une section triangulaire du milieu de l'oreille vers la nuque pour créer la ligne de base, en peignant les cheveux en suivant la ligne selon laquelle ils retombent naturellement.
3. Peigner les sections suivantes en procédant de la même manière.
4. Commencer aux points de division centraux et isoler une section triangulaire de l'os occipital à la nuque en utilisant la base en tant que guide pour déterminer la forme interne.
5. Travailler vers l'oreille en suivant un guide mobile tout en s'assurant de bien ramener les cheveux dans la direction opposée pour garder du poids derrière l'oreille.
6. Ramener les sections devant l'oreille vers l'arrière pour garder de la longueur sur le devant.
7. Continuer à ramener les cheveux sur le guide existant.
8. Couper les cheveux en les tenant entre les doigts pour créer la frange à la longueur souhaitée.
9. Continuer à travailler avec une section triangulaire du point de division central vers la tempe.
10. Prendre une section triangulaire de la couronne vers la bordure frontale en peignant les cheveux directement vers l'extérieur pour créer un équilibre interne carré.

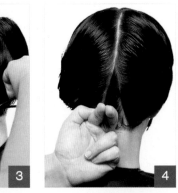

*Hairstyle/Peinado/Coiffure: Thomas Osborn, TIGI*

### Cut

**1.** Place a delta section from the recession area on both sides down to a central point at the top of the occipital bone.

**2.** Start behind the ear. Take a diagonal back section, following the shape of the hairline down to the nape. Comb the section 'T' to the parting, elevate to 1 finger's depth and razor cut to a length that sits on the hairline.

**3.** Continue with a diagonal back section across the back of the head. Maintain the same 'T' distribution, elevate to 45° and follow the guideline until all the hair that reaches to this point is cut.

**4.** Repeat the same technique on the opposite side.

**5.** From the ear forwards, sub-section the hair horizontally. Comb to natural fall, elevate to 1 finger's depth and razor cut - increasing in length from shorter at the back to longer at the front.

**6.** Repeat the process on the opposite side.

**7.** Release the delta section and isolate the fringe area by taking a triangular section out to the recession area on both sides.

**8.** Comb the hair to natural fall. Elevate to 1 finger's depth and razor cut square to a length just above the eyebrow.

**9–10.** Cut the top by taking parallel sections to the delta section, comb to natural fall, elevate to the round of the head. Taking the guide length from underneath, use exaggerated deep point cutting to create a loose blend with the perimeter.

### Corte

**1.** Separe una sección en forma de delta, desde el área de las entradas a ambos lados bajando hasta un punto central en la punta del hueso occipital.

**2.** Comience detrás de la oreja. Tome una diagonal de la sección trasera, siguiendo la forma de la línea del pelo hacia la nuca. Peine la sección "T" hacia la partición. Eleve a 1 dedo de profundidad y corte con navaja hasta que el largo esté sobre la línea del pelo.

**3.** Continúe con una diagonal de la sección trasera a lo largo de la parte de atrás de la cabeza. Mantenga la misma distribución en "T". Eleve a unos 45° grados y siga la línea guía hasta que todo el cabello que alcance a este punto esté cortado.

**4.** Repita la misma técnica en el lado opuesto.

**5.** Desde la oreja hacia adelante haga subsecciones horizontales con el pelo. Peine en el sentido de la caída natural, eleve a 1 dedo de profundidad y corte con navaja- cre-

ciendo en largo de más corto atrás a más largo en el frente.

**6.** Repita el procedimiento en el lado opuesto.

**7.** Suelte la sección delta y aísle el área del flequillo tomando una sección triangular hasta la zona de las entradas en ambos lados.

**8.** Peine el pelo en el sentido de la caída natural. Eleve a 1 dedo de profundidad y corte con navaja en forma recta a un largo justo arriba de la ceja.

**9–10.** Corte la parte superior tomando una sección paralela a la sección delta. Use un punteo pronunciado adelante para crear en ensamble sutil con el perímetro. Esto convierte esta forma clásica en nueva otra vez.

### Coupe

**1.** Isoler une section en V, de chaque côté de la zone de récession des cheveux de la fronto-temporale jusqu'à un point au milieu sur le dessus de l'os occipital.

**2.** Commencer derrière l'oreille. Prendre une section diagonale à l'arrière en suivant la ligne de contour de la chevelure jusqu'à la nuque. Peigner la section en "T" à partir de la raie, relever d'un doigt de profondeur et couper au rasoir à une longueur qui correspondra à la ligne de contour de la chevelure.

**3.** Continuer avec une section diagonale traversant l'arrière de la tête. Maintenir la même distribution en "T", relever à un angle de 45°, et couper tous les cheveux qui atteignent ce point et vous servant de votre mèche-guide.

**4.** Procéder de la même manière de l'autre côté de la tête.

**5.** Tracer des sous-sections horizontales à partir de l'oreille vers l'avant de celles-ci. Peigner en respectant la ligne selon laquelle ils retombent naturellement, relever d'un doigt de profondeur et couper au rasoir de manière à ce que les cheveux soient plus longs sur le devant qu'à l'arrière.

**6.** Procéder de la même manière de l'autre côté de la tête.

**7.** Libérer la section en V, et isoler la frange en traçant une section triangulaire jusqu'à la zone de récession des cheveux de la fronto-temporale des deux côtés.

**8.** Peigner les cheveux en respectant la ligne ils retombent naturellement. Relever d'un doigt de profondeur et couper au rasoir au carré à une longueur tombant juste au-dessus du sourcil.

**9–10.** Couper le dessus en prenant des sections parallèles à la section en V, et relever à l'arrondi du crâne. Prendre la mèche-guide de longueur en dessous, couper en piquetant en exagérant pour créer une fusion fluide avec le périmètre.

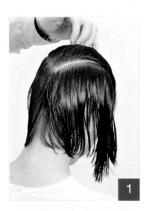

**Hairstyle/Peinado/Coiffure:** *Takahiko Kotake, Nana Gries, Toni&Guy*

### Cut and color

**1.** Make two partings from ear to ear to separate the upper and lower nape areas. Isolate the bang by making a V-shaped parting.

**2.** Cut the lower nape area separating the strands with vertical partings and holding the hair at a 45° angle.

**3–4.** Continue cutting this area separating the strands with horizontal partings and holding the hair at a 45° angle.

**5.** Cut the upper nape area leaving it longer towards the crown, do not consider the length of the previously cut hair.

**6–7.** Take a strand at the right side of the nape along the parting from ear to ear, pull it to the center of the area and cut to the established length. Cut the hair of both sides of the nape area this way, separating the strands with diagonal partings.

**8–9.** Continue with the occipital area. Separate the strands with diagonal partings, pull the strands to the central vertical parting and cut by shortening towards the crown. Cut each new strand using the previous one as a guide.

**10.** Comb all the hair of the occipital area back and check the length.

**11–12.** Slide-cut the temples to create a soft line.

**13.** Cut the bangs to make them appropriate for the style.

**14.** Separate the bangs with a diagonal parting. Divide the crown area with an S-shaped parting as shown in the photo.

**15.** Color the right-hand side from the parting with Diacolour Richesse, Copper hue + Diacolor Releaser.

**16.** Color the bangs with Diacolour Richesse, Saffron Mahogany hue + Diacolour Releaser. Color the roots of the left side of the crown area with Richesse Copper hue, and along the length and ends - with Majicontrast, Pure Copper hue + 6% oxidant.

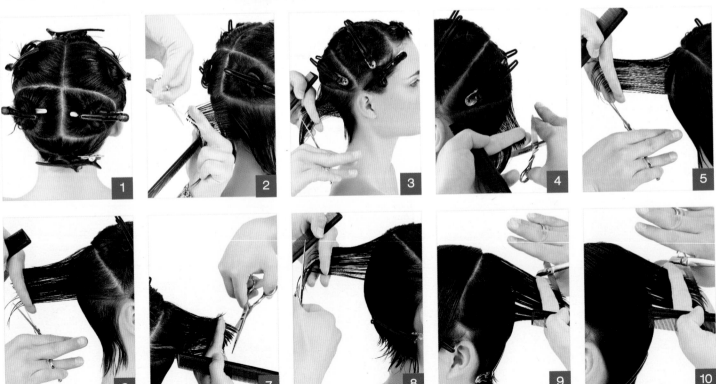

### Corte y color

**1.** Hacer dos rayas de oreja a oreja para separar las áreas de la baja nuca y la alta nuca. Aislar el flequillo con una partición en forma de V.

**2.** Cortar el área de la baja nuca separando las mechas con una raya vertical y sosteniendo el cabello en un ángulo de 45°.

**3–4.** Continuar el corte de esta área separando las mechas con rayas horizontales y sosteniendo el cabello a un ángulo de 45°.

**5.** Cortar el área de la alta nuca dejando el pelo más largo hacia la coronilla. No tomar en cuenta el largo de la zona previamente cortada.

**6–7.** Tomar una mecha del lado derecho de la nuca a lo largo de la raya de oreja a oreja, llevarla hacia el centro y cortarla para establecer el largo. Cortar el cabello a ambos lados de la nuca de este modo, separando mechas con rayas diagonales.

**8–9.** Continuar con el área occipital. Separar las mechas con rayas diagonales, llevar las mechas hacia la raya vertical del centro y cortar dejando más corto hacia la coronilla. Cortar cada nueva mecha usando la cortada previamente como guía.

**10.** Peinar todo el pelo del área occipital hacia atrás y controlar el largo.

**11–12.** Cortar las sienes deslizando la tijera a lo largo del pelo para crear una línea suave.

**13.** Cortar el flequillo adecuándolo al corte.

**14.** Separar el flequillo con una raya diagonal. Dividir el área de la coronilla con una partición con forma de S, como se muestra en la foto.

**15.** Teñir el lado derecho de la raya con Diacolour Richesse, Copper hue + Diacolor Releaser.

**16.** Teñir el flequillo con Diacolour Richesse, Saffron Mahogany hue + Diacolour Releaser. Teñir las raíces a la izquierda de la coronilla con Richesse Copper hue, y las puntas y partes medias del pelo con Majicontrast, Pure Copper hue + 6% oxidante.

### Coupe et couleur

**1.** Tracer deux raies d'une oreille à l'autre pour séparer la nuque supérieure et la nuque inférieure. Isoler la frange par une raie en forme de V.

**2.** Couper les cheveux dans la nuque inférieure en séparant des mèches par des raies verticales et en tenant les cheveux à un angle de 45°.

**3–4.** Continuer à couper les cheveux dans cette zone en séparant des mèches par des raies verticales et en tenant les cheveux à un angle de 45°.

**5.** Couper les cheveux dans la nuque supérieure en laissant plus de longueur à proximité de la couronne sans prendre en considération la longueur des cheveux coupés précédemment.

**6–7.** Prendre une mèche sur le côté droit de la nuque le long de la raie d'oreille à oreille, la ramener au centre de la zone, et la couper à la longueur établie. Couper de cette manière les cheveux des deux côtés de la nuque en prenant des mèches séparées par des raies verticales.

**8–9.** Continuer à couper sur l'occiput. Séparer des mèches par des raies diagonales, ramener ces mèches vers la raie verticale centrale et couper en allégeant le volume à proximité de la couronne. Couper chaque nouvelle mèche en utilisant la mèche coupée précédemment en tant que guide.

**10.** Peigner tous les cheveux sur l'occiput vers l'arrière et vérifier la longueur.

**11–12.** Couper en glissant les cheveux sur les tempes pour créer une ligne douce.

**13.** Couper la frange en l'adaptant au style de la coupe.

**14.** Isoler la frange par une raie diagonale. Diviser la couronne en traçant une raie en forme de S comme illustré sur la photographie.

**15.** Colorer le côté droit à partir de la raie avec Diacolor Richesse, nuance Cuivre + le révélateur Diacolor.

**16.** Colorer la frange avec Diacolor Richesse, nuance Safran Acajou + le révélateur Diacolor. Colorer les racines sur le côté gauche de la couronne avec Richesse nuance Cuivre, et la longueur et les pointes avec Majicontrast, nuance Cuivre pur + l'oxydant 6 %.

11

12

13

14

15

16

*Hairstyle/Peinado/Coiffure: Igor Rago for bn°1*
*Make-up/Maquillaje/Maquillage: Simone Allievi for bn°1*

## Cut

**1–4.** Comb hair in the natural fall. Define the fringe area with a shortest length under the eyebrow creating a 30° diagonal going to reach the cheekbone. Cut the perimeter creating a square shape
**5.** Separate the nape area.
**6.** In this area take central vertical section and cut it.
**7.** On both sides of the guideline take diagonal sections.
**8.** Check the shape, taking horizontal sections.
**9.** Sub-divide a halo section at the crown.
**10–12.** Cut 'square' in the back, taking radial sections. Repeat this through the sides.
**13.** Sub-divide a triangle section at the fringe area.
**14.** Cut hair at crown, taking diagonal sections.
**15.** Personolize the fringe using 'point cut' technique.

## Corte

**1–4.** Peinar el cabello siguiendo su caída natural. Definir el área del flequillo, el lado más corto comienza por debajo de la ceja creando una diagonal de 30° terminando a la altura del pómulo. Cortar el perímetro creando una forma recta.
**5.** Separar el área inferior de la nuca.
**6.** En esta área tomar una mecha central vertical, y cortarla. Esta será su mecha guía.
**7.** Tomar secciones diagonales a ambos lados de la línea guía.
**8.** Revisar el corte tomando secciones horizontales y nivelar el largo.
**9.** Subdividir una sección con forma de halo en la coronilla.
**10–12.** Cortar recto en la parte trasera, tomando secciones radiales. Repetirlo a los lados.
**13.** Subdividir una sección triangular en el área del flequillo.
**14.** Cortar el cabello de la coronilla, tomando secciones diagonales.
**15.** Personalizar el flequillo usando la técnica del punteo.

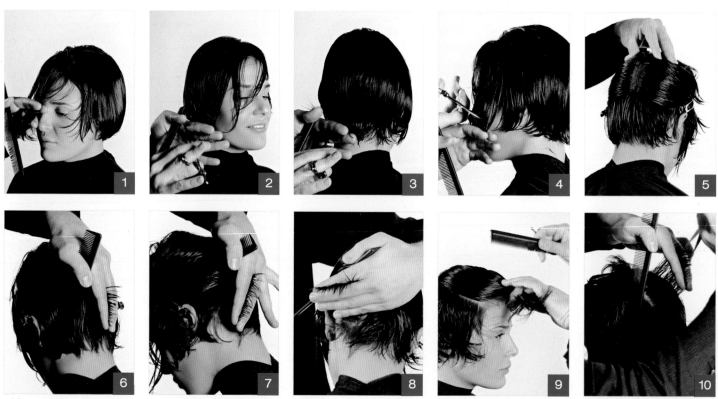

### Coupe

**1.** Peigner les cheveux en suivant la ligne selon laquelle ils retombent naturellement. Définir la frange avec la longueur la plus courte sous le sourcil, créant une diagonale de 30° atteignant la pommette. Couper le périmètre en créant une forme carrée.

**5.** Isoler la nuque.

**6.** Dans cette zone, prendre une section verticale centrale et la couper.

**7.** Prendre des sections diagonales sur les deux côtés de la section guide.

**8.** Vérifier la forme de la coupe en prenant des sections horizontales.

**9.** Isoler une sous-section en forme d'halo sur la couronne.

**10–12.** Couper au carré les cheveux dans la nuque et les cheveux des tempes en prenant des mèches séparées par des raies radiales. Procéder de la même manière sur les côtés.

**13.** Isoler une sous-section triangulaire sur la frange.

**14.** Couper les cheveux sur la couronne en prenant des mèches séparées par des raies diagonales.

**15.** Personnaliser la frange en coupant en piquetant.

**Hairstyle/Peinado/Coiffure:** *Italian Style Framesi*
**Make-up/Maquillaje/Maquillage:** *S. Dell'Orto*
**Style:** *D. Eugeni, A. Argentieri*

 **Cut and color**

**1.** Trace a V starting from the temples through the crown area to the occipital bone.

**2.** Trace a line parallel to this in order to obtain a strip 1 cm (½ ") wide.

**3.** On the top of the head, make a parting from ear to ear.

**4.** Cut the strip round at a length of 4-6 cm (1½ " - 2½ ").

**5.** Divide the back with a central vertical part and sub-divide the two sections obtained into diagonal sections with a 45° angle. Raise each section vertically and connect to the length of the strip.

**6.** Now sub-divide the top sector between the strip and the center of the head into wedges, and cut each wedge sloping at 45°, from the length of the strip to a length of around 10 cm (4") in the center, which will automatically be about 8 cm (3") as you move towards the mastoid bones.

**7.** In the front section, trace a diagonal parting from 2 cm (¾ ") from the front left hairline to 2 cm (¾ ") from the parting that marks the front section.

**8–9.** Cut the back section obtained square, using the length at the vertex as a reference. vertex. Cut this hair horizontally using the Pinching Cut Technique.

**10.** Refine the perimeter of the cut, maintaining the following reference points: 3 cm (1¼ ") at the center of the nape

**11.** Then move up to 1 cm (about ½ ") above the earlobe and down to the mouth.

**12.** Soften the whole line with thinning shears.

**13.** Color the hair with Framcolor 2001 3NP.

**14.** Using the spatula, place some highlights all over the head. Take very thin sections, increasing them in the forelock area, using Decolor B cream and lightening to level 6 - 7.

**15.** Tone the hair with Framcolor Eclectic 5ME + 7RE or Framesi Mixcolor with Framcolor 2001 5MP + 7RP. Dry the hair so that it looks soft with the help of BY Framesi Frozen Glaze, keeping the roots flat except at the vertex. Sculpt the line with BY Framesi Chill Paste.

**Corte y color**

**1.** Trazar una V comenzando en las sienes a través de la zona de la coronilla, hasta el hueso occipital.

**2.** Trazar una línea paralela a ésta para obtener una franja de un 1cm (½") de ancho.

**3.** En la parte superior de la cabeza hacer una raya de oreja a oreja.

**4.** Cortar la franja a un largo de 4-6 cm (1½" - 2 ½").

**5.** Dividir la parte trasera con una raya vertical en el medio y subdividir las dos partes obtenidas en secciones diagonales en un ángulo de 45°. Elevar cada sección verticalmente y conectarla al largo de la franja.

**6.** Ahora subdividir la parte superior entre la franja y el centro de la cabeza en cuñas y cortar cada una inclinando a 45°, desde el largo de la franja a un largo aproximado de 10cm (4") en el centro; a medida que se desplaza hacia el hueso mastoideo será, automáticamente de alrededor de 8cm (3").

**7.** En la sección delantera trazar una raya diagonal a 2cm (¾") de la línea del pelo hasta 2cm (¾") de la raya que separa la parte delantera.

**8–9.** Cortar en forma recta la sección trasera obtenida, usar de referencia el largo del vértice. Cortar el pelo horizontalmente utilizando la técnica del "pellizco".

**10.** Refinar el perímetro del corte manteniendo el siguiente punto referencia: 3 cm (1¼") en el centro de la nuca.

**11.** Luego desplazarse a 1cm (al rededor de ½") sobre el lóbulo de la oreja y hacia la boca.

**12.** Suavizar toda la línea con las tijeras de entresacar.

**13.** Colorear el cabello con Framcolor 2001 3NP.

**14.** Usando una espátula hacer algunos reflejos a lo largo de la cabeza. Tomar secciones muy angostas, más cantidad en la zona delantera, usar crema Decolor B e iluminar a nivel 6-7.

**15.** Tonalizar el pelo con Framcolor Eclectic 5ME + 7RE o Framesi Mixcolor con Framcolor 2001 5MP + 7RP. Secar el pelo con la ayuda de BY Framesi Frozen Glaze para que luzca más suave. Dejar las raíces planas, excepto el área del vértice. Esculpir la línea con BY Framesi Chill Paste.

### Coupe et couleur

**1.** Tracer un V en commençant par les tempes et passant sur la couronne jusqu'à l'os occipital.

**2.** Tracer une ligne parallèle pour obtenir une bande de 1 cm de largeur (½ pouce).

**3.** Sur le dessus de la tête, tracer une raie d'une oreille à l'autre.

**4.** Couper la bande en arrondi à une longueur de 4 à 6 cm (1 ½ - 2 ½ pouces).

**5.** Diviser le derrière de la tête en deux sections par une raie verticale, et créer des sous-divisions diagonales dans les deux sections ainsi obtenues avec un angle de 45° degrés. Relever chaque section verticalement et les connecter à la longueur des cheveux sur la bande.

**6.** Maintenant, diviser la partie supérieure entre la bande et le centre de la tête en sous-sections pivotantes, et couper les sous-sections en question avec une projection de 45° degrés, de la longueur de la bande à une longueur de 10 cm environ (4 pouces) au centre, ce qui sera automatiquement environ 8 cm (3 pouces) alors que vous vous rapprochez des mastoïdes.

**7.** Sur la section avant, tracer une raie diagonale, démarrant à 2 cm (¾ pouce) de la bordure frontale jusqu'à 2 cm (¾ de pouce) de la raie qui marque la section avant.

**8–9.** Couper au carré la section obtenue à l'arrière en utilisant la longueur au vertex en tant que référence. Couper cette partie en pinçant les cheveux.

**10.** Parfaire le périmètre de la coupe en respectant les points de référence suivants : 3 cm (1¼ de pouces) au centre de la nuque.

**11.** Puis remonter à 1 cm (environ ½ pouce) au-dessus du lobe de l'oreille et redescendre à la hauteur de la bouche.

**12.** Adoucir la coupe avec des ciseaux à effiler.

**13.** Colorer les cheveux avec Framcolor 2001 3NP.

**14.** A l'aide d'une spatule, faire un balayage sur toute la tête. Prendre des mèches très fines, et, sur le toupet, des mèches un peu plus épaisses en utilisant la crème Decolor B. Le niveau d'éclaircissement doit être de 6–7.

**15.** Teindre les cheveux Framcolor Eclectic 5ME + 7RE ou Framesi Mixcolor avec Framcolor 2001 5MP + 7RP. Sécher à l'air à l'aide de BY Framesi Frozen Glaze chaud pour obtenir un aspect soyeux, tout en gardant les racines plates, à l'exception du vertex. Sculpter la coupe avec la pâte BY Framesi Chill.

**11**

**12**

**13**

**14**   **15**

***Hairstyle/Peinado/Coiffure:*** *Italian Style Framesi*
***Make-up/Maquillaje/Maquillage:*** *S. Dell'Orto*
***Style:*** *D. Eugeni, A. Argentieri*

 **Color and cut**

**1.** Apply a base color of Framcolor 2001 2NP.

**2.** Define a triangle making a parting 4 cm (1½ ") from the left eye to the center of the head and back down to the right eyebrow arch. Lighten with Decolor B cream.

**3.** Section off ½ cm (¼ ") strand in the perimetral center. Create a semicircle ½ cm (¼ ") deep behind it and lighten with Decolor B cream.

**4.** Create a thin triangle between the right mastoid bone, the crown area and the side-burn. Lighten with Decolor B cream. Tone all the hair with Framcolor Eclectic 5ME + 7RDE + 7RE or Framesi Mixcolor with Framcolor 2001 5MP + 7TRP + 7RP.

**5.** Sud-divide the head as follows: A) section off a front segment from the crown area to the center of the head; B) on the left, make a parting from the front section to the tip of the ear and a parting from the middle of the ear to the base of the nape. Section off a small strand on the left mastoid.

**6.** C) on the right, make a parting from the front section to the mastoid bone. Then make a parting from the left section to the right, passing over the occipital bone.

**7.** D) divide the top section obtained with a central part.

**8.** Shape the back perimeter using the Sliding Cut Technique, starting below the occipital bone.

**9.** Continue cutting in the two top sections: lift the hair in diagonal sections and cut them using the Sliding Cut Technique, connecting them with underlying lengths.

**10.** Move to the front section. Divide it with diagonal parts that go from the right to the left. Take each section obtained towards the left eye and cut the hair from the middle of the forehead to the bridge of the nose.

**11.** Comb the right side section straight down and cut diagonally from the back hairline to the middle of the neck.

**12.** Then comb the hair towards the face and shape it using the corner of the eye, the cheekbone and earlobe as reference points, until you connect with the perimeter lengths.

**13.** Shape the left side section cutting towards the face and following these reference points: corner of the eye, cheekbone, earlobe and tip of the ear.

**14.** Lastly, cut and shape the sector sectioned off over the left mastoid bone, using the earlobe and the middle of the neck as reference points.

**15.** If necessary, soften the perimeter with thinning shears.

 1
 2
 3
 4
 5

 6
 7
 8
 9
 10

### Color y corte

**1.** Aplicar base color de Framcolor 2001 2NP.

**2.** Definir un triángulo haciendo una raya a 4 cm (1½ ") del ojo izquierdo al centro de la cabeza y bajando hacia el arco de la ceja derecha. Iluminar con crema Decolor B.

**3.** Separar un mechón de ½ cm (¼ ") en el centro del perímetro. Crear un semicírculo de ½ cm (¼ ") de profundidad detrás del mechón e iluminarlo con crema Decolor B.

**4.** Crear un triángulo angosto entre el hueso mastoideo derecho, el área de la coronilla y las patillas. Iluminar con crema Decolor B. Tonalizar todo el pelo con Framcolor Eclectic 5ME + 7RDE + 7RE o Framesi Mixcolor con Framcolor 2001 5MP + 7TRP + 7RP.

**5.** Subdividir la cabeza de la siguiente manera: A) separar un segmento delantero desde la coronilla al centro de la cabeza; B) en el lado izquierdo hacer una raya desde la sección delantera hasta el borde de la oreja y una raya desde el medio de la oreja hasta la base de la nuca. Separar un pequeño mechón en el mastoideo izquierdo.

**6.** C) a la derecha hacer una raya desde la sección delantera hasta el hueso mastoideo. Luego hacer una raya desde la sección izquierda hacia la derecha pasando sobre el hueso occipital.

**7.** D) dividir la sección superior obtenida con una raya al medio.

**8.** Dar forma al perímetro trasero deslizando las tijeras por el pelo comenzando debajo del hueso occipital.

**9.** Continuar el corte de las dos secciones superiores: elevar el pelo en secciones diagonales y cortarlo deslizando la tijera. Conectar estas secciones con el largo subyacente.

**10.** Trabajar en la sección delantera. Dividirla con rayas diagonales de derecha a izquierda. Llevar cada sección obtenida hacia el ojo izquierdo y cortar el pelo desde el centro de la frente hacia el puente de la nariz.

**11.** Peinar el pelo de la sección derecha hacia abajo y cortarlo diagonalmente desde la línea del pelo trasera hasta la mitad del cuello.

**12.** Luego peinar el cabello hacia la cara y darle forma, tomar como puntos de referencia, el borde del ojo, el pómulo y el lóbulo de la oreja, conectarlo con el largo del perímetro.

**13.** Dar forma a la sección izquierda. Llevar el pelo hacia la cara y cortar tomando como referencia los siguientes puntos: el borde del ojo, el pómulo, el lóbulo y el borde de la oreja.

**14.** Por último, cortar y dar forma a la sección separada sobre el hueso mastoideo usando como referencia el lóbulo de la oreja y la mitad del cuello.

**15.** De ser necesario suavizar el perímetro con tijeras de entresacar.

### Couleur et coupe

**1.** Appliquer une couleur de base de Framcolor 2001 2NP.

**2.** Dessiner un triangle en traçant une raie de 4 cm (1 ½ pouce) de l'œil gauche jusqu'à l'arc sourcilier droit en passant par le centre de la tête. Eclaircir avec la crème Decolor B.

**3.** Isoler une mèche de ½ cm (¼ de pouce) au centre du périmètre. Créer un demi-cercle d'une profondeur de ½ cm (¼ de pouce) derrière la mèche en question, et l'éclaircir avec la crème Decolor B.

**4.** Créer un triangle étroit entre la mastoïde droite, la couronne et les pattes. Eclaircir avec la crème Decolor B. Teindre toute la chevelure avec Framcolor Eclectic 5ME + 7RDE + 7RE ou Framesi Mixcolor avec Framcolor 2001 5MP + 7TRP + 7RP.

**5.** Diviser la tête comme suit : A) Isoler un segment du devant de la couronne au centre de la tête ; B) sur la gauche, tracer une raie de la section avant jusqu'à la pointe de l'oreille et une raie du milieu de l'oreille jusqu'à la base de la nuque. Isoler une petite mèche sur la mastoïde gauche.

**6.** C) sur le côté droit, tracer une raie de la section avant jusqu'à la mastoïde. Puis, tracer une raie de la section gauche vers la droite en passant sur l'os occipital.

**7.** D) diviser la section supérieure ainsi obtenue par une raie centrale.

**8.** Créer la forme du périmètre sur le derrière de la tête en coupant en glissant, en commençant sous l'os occipital.

**9.** Continuer en coupant dans les deux sections supérieures : élever les cheveux en sections diagonales et les couper en glissant pour les réunir avec les longueurs sous jacentes.

**10.** Revenir sur la section avant. La diviser par des raies diagonales allant de droite à gauche. Prendre chacune des sections ainsi obtenues vers l'œil gauche, et couper les cheveux du milieu du front à la hauteur de l'arête nasale.

**11.** Peigner verticalement vers le sol les cheveux de la section droite et couper en diagonale de la ligne de contour de la chevelure à l'arrière au milieu du cou.

**12.** Puis peigner les cheveux vers le visage, et créer la forme en utilisant le coin de l'œil, la pommette et le lobe de l'oreille comme points de référence jusqu'à ce que vous les ayez réunis avec la longueur du périmètre.

**13.** Créer la forme de la section gauche en coupant à proximité du visage en suivant les points de références : le coin de l'œil, la pommette, le lobe et la pointe de l'oreille.

**14.** Pour finir, couper et créer la forme du secteur isolé au-dessus de la mastoïde gauche en utilisation le lobe de l'oreille et le milieu du cou comme points de référence.

**15.** Si nécessaire, adoucir le périmètre à l'aide de ciseaux à effiler.

11   12   13   14   15

***Hairstyle/Peinado/Coiffure:*** *Irina Vasserman*
***Make-up/Maquillaje/Maquillage:*** *Ekaterina Komarova*
***Photo/Foto/Photo:*** *Roman Kalinin*
***Products/Productos/Produits:*** *Wella Professionals*

 **Cut and color**
Coloring formulas

**I.** Koleston Perfect 5/65 (30g) + 55/46 (10g) + 6% (40g) oxidizer.
**II.** Koleston Perfect 44/46 + 6% oxidizer (1:1).
**III.** Koleston Perfect 66/46 (20g) + 66/56 (5g) + 6/56 (5g) + 1.9% (60g) oxidizer.

**1–4.** Isolate areas as shown on the pictures.
**5.** Cut the hair of the lower nape area, lifting each strand to the level of the protuberance behind the ears.
**6.** Slide cut the contour of the lower nape area.
**7.** Pulling the strands at a 45°angle, cut the hair of the middle nape area, keeping the length longer than the length of the previous strands.
**8.** Cut the hair of the upper nape area, pulling the strands at a 45° angle.
**9.** Blow-dry the hair. Cut the hair of the temple areas using strands from the nape as a guideline.
**10.** Use a brush to straighten the hair in the left temple area. Slide-cut the hair; the length should differ from the length in the nape area.
**11.** Cut an asymmetric fringe, pulling the strands out at a 45° angle.
**12.** Join the fringe with the right temple area.
**13.** Slide-cut the whole hair to finalize the haircut.
**14–15.** Apply formula I to the roots. Pick up a few strands at random and color them with formula II. Apply formula III to the rest of the hair.

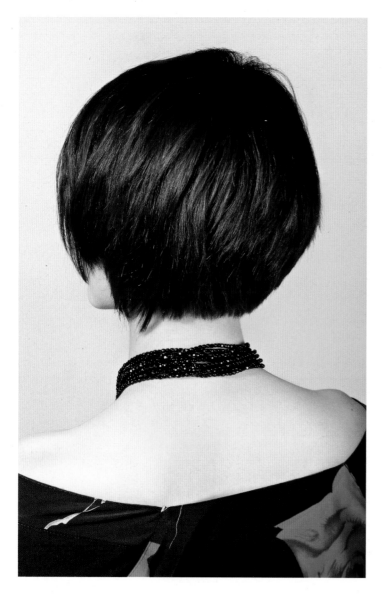

 **Corte y color**
Fórmulas de coloración

**I.** Koleston Perfect 5/65 (30g) + 55/46 (10g) + oxidante 6% (40g).
**II.** Koleston Perfect 44/46 + oxidante 6% (1:1).
**III.** Koleston Perfect 66/46 (20g) + 66/56 (5g) + 6/56 (5g) + oxidante1.9%(60g).
**1–4.** Aislar las zonas como se muestran en las imágenes.
**5.** Cortar el cabello de la parte baja de la nuca elevando cada mechón hasta el nivel de la protuberancia detrás de las orejas.
**6.** Cortar el contorno de la parte baja de la nuca deslizando la tijera por los mechones.
**7.** Elevar los mechones en un ángulo de 45° y cortar el cabello del área media de la nuca, manteniendo un mayor largo que el mechón anterior.
**8.** Cortar el pelo del área superior de la nuca elevando los mechones en un ángulo de 45°.
**9.** Secar el pelo con secador. Cortar el cabello del área de las sienes tomando como guías mechones de la nuca.
**10.** Usar un cepillo para alisar el pelo en la zona de la sien izquierda. Cortar deslizando la tijera. El largo debe ser diferente de la nuca.
**11.** Cortar un flequillo asimétrico elevando los mechones en un ángulo de 45°.
**12.** Unir el flequillo con el área de la sien derecha.
**13.** Cortar deslizando la tijera por todo el pelo para finalizar el corte.
**14–15.** Aplicar Fórmula I a las raíces. Seleccionar algunas pocas mechas al azar y teñirlas con Fórmula II. Aplicar Fórmula III al resto del pelo.

 **Coupe et couleur**
Formules de coloration

**I.** Koleston Perfect /65 (30g) + 55/36 (10g) + oxydant 6% (40g).
**II.** (Koleston Perfect 44/46 + oxydant 6% 1:1)
**III.** Koleston Perfect 66/46 (20g) + 66/56 (5g) + 6/56 (5g) + oxydant 1.9% (60g)
**1–4.** Isoler des zones conformément aux photographies correspondant.
**5.** Couper les cheveux dans la nuque inférieure en soulevant chaque mèche au niveau de la protubérance derrière les oreilles.
**6.** Couper en glissant le contour de la nuque inférieure.
**7.** Couper les cheveux dans la nuque moyenne en tenant les mèches à un angle de 45° et en gardant plus de longueur que sur les mèches précédentes.
**8.** Couper les cheveux dans la nuque supérieure en tenant les mèches à un angle de 45°.
**9.** Sécher les cheveux à l'air chaud. Couper les cheveux sur les tempes en se servant des mèches dans la nuque en tant que guide.
**10.** Utiliser une brosse pour lisser les cheveux sur la tempe gauche. Couper en glissant les cheveux en veillant à ce que la longueur soit différente de celle des cheveux dans la nuque.
**11.** Couper une frange asymétrique en tenant les cheveux à un angle de 45°.
**12.** Réunir la frange à la tempe droite.
**13.** Couper en glissant la chevelure pour finaliser la coupe.
**14–15.** Appliquer la formule I sur les racines. Prendre quelques mèches au hasard et les colorer avec la formule II, puis appliquer la formule III sur le reste de la chevelure.

*Hairstyle/Peinado/Coiffure: Chema Lucena from Clipsa Pollux for Elgon Professional*

 **Cut**

**1.** Divide the hair into 3 sections: one wide section from the right eyebrow to the left one, passing through the top point.

**2.** Divide this section into 2 parts by a diagonal line, with the back section passing through the crown.

**3.** Start by cutting the left temple section, creating a relatively short lock. This will be your guide lock for the entire bottom left part.

**4.** Join the left back area behind the ear with the area mentioned above, continue cutting with reference to the guide lock.

**5.** Stagger the hair vertically and then finish the locks, using the scissor tips in order to soften them all along the left side.

**6.** On the right side, cut the hair using the guide lock of the left back area.

**7.** Join the nape part using the sliding technique, with the inside of the scissors.

**8.** Start cutting the right side, creating a slightly longer hair effect compared to the left side. Continue working on the right side, cutting each section a little longer than the previous one.

**9–10.** Dry the hair completely and straighten it. In the back, take thin locks and cut them with the free fall technique, using the inside of the scissors.

**11.** Create a guide lock on the top part and level out the entire top section.

**12.** Use the tip of the scissors to make a thinning system, reducing the excess volume.

**13.** Give the fringe its final shape, using the connection technique.

**14.** Clean the fringe and create the final length of the right side.

**15.** Give the finishing touch to the left side.

### Corte

**1.** Dividir el pelo en tres secciones: una amplia sección desde la ceja derecha a la ceja izquierda pasando por el punto más alto de la cabeza.

**2.** Dividir esta sección en dos partes con una raya diagonal, la parte trasera pasa por la coronilla.

**3.** Comenzar el corte en la sección de la sien izquierda creando un mechón relativamente corto. Este mechón será la guía para cortar toda la parte inferior izquierda.

**4.** Unir la parte trasera izquierda con el área mencionada arriba, continuar el corte guiándose con el mechón de referencia.

**5.** Acomodar el pelo verticalmente, luego terminar el corte de los mechones usando las puntas de las tijeras en todo el lateral izquierdo.

**6.** En el lado derecho, cortar el pelo usando el mechón guía del lado izquierdo.

**7.** Unir la zona de la nuca deslizando el interior de las tijeras por el pelo.

**8.** Comenzar a cortar el lado derecho creando un efecto apenas más largo en comparación con el lado izquierdo. Continuar con el trabajo en el lado derecho cortando cada sección un poco más larga que la anterior.

**9–10.** Secar el pelo completamente y alisarlo. Tomar mechas finitas de la parte trasera y cortarlas con la técnica de caída libre usando el interior de las tijeras.

**11.** Crear un mechón guía en la parte superior de la cabeza y nivelar toda la sección.

**12.** Usar las puntas de las tijeras para lograr un sistema afinado que reduzca el exceso de volumen.

**13.** Darle al flequillo el acabado final utilizando la técnica de conexión.

**14.** Limpiar el flequillo y crear el largo final del lado derecho.

**15.** Dar los toques finales al lado izquierdo.

### Coupe

**1.** Diviser les cheveux en 3 sections : une large section large du sourcil droit au sourcil gauche passant par le sommet.

**2.** Diviser cette section en deux parties par une raie diagonale, avec la section arrière passant par la couronne.

**3.** Commencer par couper les cheveux sur la tempe gauche en créant une mèche relativement courte. Cette mèche vous servira de guide pour tout le côté gauche.

**4.** Réunir la partie arrière gauche derrière l'oreille avec la partie mentionnée ci-dessus, en coupant toujours en vous servant de la mèche-guide.

**5.** Echelonner les cheveux verticalement et finaliser les mèches en utilisant la pointe du ciseau afin de les adoucir le long du côté gauche.

**6.** Sur le côté droit, couper les cheveux en utilisant la mèche-guide dans la zone arrière gauche.

**7.** Connecter la nuque, coupant en glissant avec l'intérieur du ciseau.

**8.** Commencer à couper le côté droit en créant un effet de cheveux légèrement plus longs que sur le côté gauche. Continuer à travailler sur le côté droit en coupant chaque section un peu plus longue que la précédente.

**9–10.** Sécher complètement les cheveux à l'air chaud et les défriser. A l'arrière, prendre de fines mèches et les couper en chute libre en utilisant l'intérieur du ciseau.

**11.** Etablir une mèche libre sur la partie supérieure et égaliser toute la partie supérieure.

**12.** Utiliser la pointe du ciseau comme système de désépaississement pour réduire le volume excessif.

**13.** Finaliser la frange en la connectant avec le reste de la chevelure.

**14.** Eclaircir la frange et établir la longueur finale du côté droit.

**15.** Donner la dernière touche du coté gauche.

*Hairstyle/Peinado/Coiffure:* Pavel Vaan
*Photo/Foto/Photo:* Roman Kalinin

### Cut

**1–2.** Isolate the lower nape area with a horizontal parting. Slice cut the hair of the said area separating the strands with vertical partings.
**3.** Work on the contour to create a square shape.
**4–6.** Cut the middle and upper nape areas, pulling strands at a 45° angle to get a square shape.
**7–8.** Cut the temple areas, maintaining the square shape.
**9.** Isolate the fringe area with a horizontal parting and point-cut the hair very short.
**10.** Continue shaping the fringe in the same manner.

### Corte

**1–2.** Aislar el área baja de la nuca con una raya vertical. Cortar el pelo de esta zona deslizando la tijera por los mechones separados con particiones verticales.
**3.** Trabajar con el contorno para lograr un "carre".
**4–6.** Cortar el área superior y el área media elevando los mechones en un ángulo de 45° para lograr un "carre".
**7–8.** Cortar el área de las sienes manteniendo el "carre".
**9.** Aislar el área del flequillo con una partición horizontal y puntear el cabello muy corto.
**10.** Continuar dando forma al flequillo de la misma manera.

### Coupe

**1–2.** Isoler la nuque inférieure par une raie horizontale. Couper en glissant les cheveux de la section en question en séparant les mèches par des raies verticales.
**3.** Travailler sur le contour pour créer un carré.
**4–6.** Couper la nuque moyenne et supérieure en tirant les mèches à un angle de 45° pour obtenir un carré.
**7–8.** Couper les tempes en maintenant le carré.
**9.** Isoler la frange par une raie horizontale et couper très court en piquetant.
**10.** Continuer à former la frange en procédant de la même manière.

Medium hair / Cabello medio largo / Cheveux moyens

**Hairstyle/Peinado/Coiffure:** *Italian Style Framesi*
**Make-up/Maquillaje/Maquillage:** *S. Dell'Orto*
**Style:** *D. Eugeni, A. Argentieri*

### Color and cut

**1.** Make a circular parting all round the head, passing 3 cm (about 1 ") above the ears.
**2.** Color the perimetral section with Framcolor Eclectic 9NDE or Framesi Mixcolor with Framcolor 2001 9W.
**3.** Color the rest of the hair with Framcolor Eclectic 8RDE + 8DE or Framesi Mixcolor with Framcolor 2001 8G + 8SD.
**4.** Trace a part from the end of the left eyebrow arch, through the perimetral center, to the right corner of the nape. Section off the right-hand sector.
**5.** On the left side, make parting from the perimetral center to the mastoid and section off both the temporal section obtained and the remaining back section.
**6.** Take all the hair from the right section towards the face and cut it diagonally at chin level, using the Pinching Cut Technique.
**7.** Comb the left temporal section forward and cut the hair from the tip of the nose to the mandible.
**8.** Comb the back section straight down and connect it diagonally to the length obtained behind the left ear and to the righthand corner of the nape.
**9.** To further soften the perimeter, finish the cut with thinning shears only after drying the hair.

### Color y corte

**1.** Haga una partición circular todo alrededor de la cabeza, pasando a 3 cm ( Alrededor de 1'') arriba de las orejas.
**2.** Tiña la sección perimetral con Framcolor Eclectic 9NDE o Framesi Mixcolor con Framcolor 2001 9W.
**3.** Tiña el resto del cabello con Framcolor Eclectic 8RDE + 8DE o Framesi MIxcolor con Framcolor 2001 8G + 8SD.
**4.** Divida una parte desde el extremo del arco de la ceja izquierda, a través del centro perimetral, hacia el borde derecho de la nuca. Seccione el sector a mano derecha.
**5.** En el lado izquierdo, haga una partición desde el centro perimetral al hueso mastoideo y separe ambas, la sección temporal obtenida y la restante de la sección trasera.

**6.** Tome todo el pelo de la sección derecha hacia la cara y córtelo diagonalmente a la altura de la pera usando la técnica "Pinching" de corte.
**7.** Peine la sección temporal izquierda hacia adelante y corte el cabello desde la punta de la nariz a la mandíbula.
**8.** Peine la sección trasera en forma recta hacia abajo y conéctela diagonalmente con el largo obtenido detrás de la oreja izquierda y con el borde derecho de la nuca.
**9.** Para suavizar más el perímetro finalice el corte con tijeras de afinar, recién después seque el cabello.

### Couleur et coupe

**1.** Tracer une raie circulaire tout autour de la tête passant à 3 cm (environ 1 pouce) au-dessus des oreilles.
**2.** Colorer le périmètre ainsi délimité avec Framcolor Eclectic 9NDE ou Framesi Mixcolor avec Framcolor 2001 9W.
**3.** Colorer le reste de la chevelure avec Framcolor Eclectic 8RDE + 8DE ou Framesi Mixcolor avec Framcolor 2001 8G + 8SD.
**4.** Tracer une raie de l'extrémité de l'arc sourcilier gauche, passant par le centre du périmètre et se prolongeant jusqu'au coin droit de la nuque. Isoler la section de droite.
**5.** Sur côté gauche, tracer une raie du milieu du périmètre jusqu'à la mastoïde, et isoler les deux sections temporales ainsi obtenues et la section restante sur l'arrière de la tête.
**6.** Prendre tous les cheveux dans la section de droite, les ramener vers le visage et les couper en diagonale au niveau du menton en ayant recours à la technique de coupe en biseau.
**7.** Peigner la section temporale de gauche vers l'avant, et couper les cheveux de la pointe du nez jusqu'à la mâchoire inférieure.
**8.** Peigner la section à l'arrière verticalement vers le sol et la connecter diagonalement à la longueur obtenue derrière l'oreille gauche et jusqu'au côté droit de la nuque.
**9.** Sécher les cheveux à l'air chaud, puis finaliser la coupe avec des ciseaux à effiler pour adoucir davantage le périmètre.

**Hairstyle/Peinado/Coiffure:** *Richard Thompson,*
*Darren Newton, Neil Atkinson for Mahogany*
**Style:** *Eric Nicmand*
**Make-up/Maquillaje/Maquillage:** *Elie Maalouf*
**Photo/Foto/Photo:** *Mike Ruiz*

### Color and cut

**1.** Create a star-shaped section on top of the head. To form the star, create a square on top of head. Using the side of the square on the left and right, section out a triangle shape on each side ending the point 2 cm (1 inch) from the ears. Create the front and back point of the star in the same manner as the sides leaving the front point 1 cm (1/2 inch) from the hairline, and the back point must end at the cusp of the occipital bone (fig. 1).

**2.** Starting from the middle of the right eyebrow arch, moving towards the left create a line that connects the front point, side left and back point of the star ending halfway up the right ear. In this way two other triangular sections are formed (sec. 2/3) along with another section (sec. 4) that includes the right side (fig. 2/3/4/5).

**3.** Color the remaining section (sec. 5) with Evolution of the Color 4.52 + 5.53 mixed in equal portions.

**4.** Apply Evolution of the Color 7 + 7.43 mixed in equal portions onto sections 2, 3 and 4.

**5.** Apply Evolution of the Color 8.1+8.31 mixed in equal portions onto section 1.

**6.** Start from the right side, taking horizontal sections. The first section is held down to create a strong outline. Each subsequent section is lifted slightly higher, thus creating graduation (fig. 1).

**7.** Working into the back, diagonal sections are used; use the right side area as a guide. Again each section is lifted slightly higher than the previous to build up your shape. The amount of lift will depend on the texture of the hair (fig. 2).

**8.** Continuing to the left side curved sections are used from the back to the front hairline, start by putting in your outline, this should be cut against the skin to create a curved shape. Each section is then lifted slightly higher to bevel the outline. Hair should be over-directed back to maintain more weight at the front hairline (fig. 3).

**9.** After blow-drying the fringe is cut using horizontal sections. Use a wide tooth comb to avoid any excess tension on the hair, cut a square line (fig. 4). All outlines will be refined using a pointing technique.

### Color y corte

**1.** Crear una sección en forma de estrella en la parte superior de la cabeza. Para realizar la estrella: hacer un cuadrado, trazar un triángulo a cada lado del cuadrado llegando la punta a 2 cm. de las orejas (1 pulgada), hacer lo mismo para las puntas delantera y trasera de la estrella terminando la punta de adelante a 1 cm. (1/2 pulgada) de la línea del pelo y la trasera debe terminar en la cúspide del hueso occipital (fig. 1).

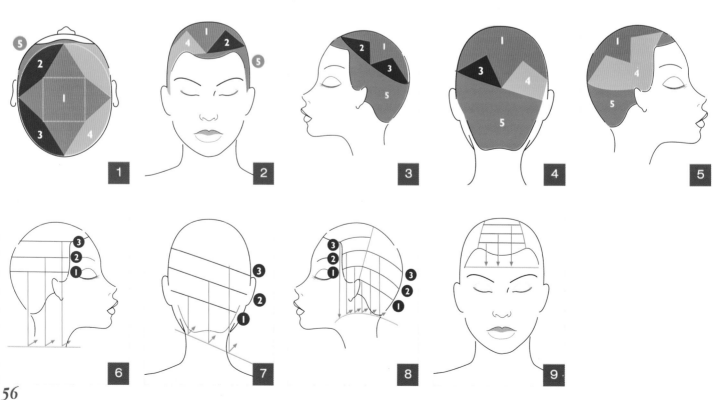

**2.** Comenzar por el medio del arco de la ceja derecha, crear una línea, moviéndose hacia la izquierda, que conecte la punta de adelante, la punta del lateral izquierdo y la trasera, culminando a la mitad del recorrido, hacia arriba, en la punta de la oreja derecha. De este modo se forman otras dos secciones triangulares (sec. 2/3) junto a otra sección (sec. 4) que incluye el lateral derecho (fig. 2/3/4/5).

**3.** Colorear la zona restante (sec. 5) con Evolution of the Color 4.52 + 5.53 mezclado en partes iguales

**4.** Aplicar Evolution of the Color 7 + 7.43 mezclado en partes iguales en las secciones 2, 3 Y 4.

**5.** Aplicar Evolution of the Color 8.1+8.31 mezclado en partes iguales en la sección 1.

**6.** Comenzar por el lado derecho tomando una sección horizontal. La primera sección se sostiene hacia abajo para crear un marco fuerte. Cada sección subsiguiente es elevada apenas para crear una gradación (fig. 1).

**7.** Trabajar en la parte trasera trazando secciones diagonales; usar el lateral derecho como guía. Nuevamente, cada sección se eleva apenas respecto de la anterior para crear la forma. El grado de elevación va a depender de la textura del pelo (fig. 2).

**8.** Continuando a la izquierda trazar líneas curvas desde la parte trasera hacia la línea delantera del pelo, comenzar por hacer el marco cortando junto a la piel para crear una forma curva. Luego, elevar apenas cada sección para biselar el marco. El cabello deber ser dirigido hacia atrás para mantener más peso en la línea de pelo delantera. (fig. 3)

**9.** Secar el flequillo con secador y luego cortarlo usando secciones horizontales. Utilizar un peine de dientes bien separados para evitar la tensión excesiva del pelo, cortar en línea recta (fig. 4) puntear todos los marcos para afinarlos.

### Couleur et coupe

**1.** Créer une section en forme d'étoile sur le dessus de la tête. Pour tracer l'étoile, dessiner un carré sur le dessus de la tête. En utilisant les côtés du carré sur la gauche et sur la droite, isoler une forme triangulaire de chaque côté avec la pointe se terminant à 2 cm (1 pouce) des oreilles. Créer la pointe avant et arrière de l'étoile en procédant de la même manière que sur les côtés, la pointe avant se terminant à 1 cm (1/2 pouce) de la bordure frontale, et la pointe arrière se terminant au sommet de l'os occipital (fig. 1).

**2.** Créer une ligne commençant au milieu de l'arc sourcilier droit et progressant vers la gauche, qui connecte la pointe avant, le côté gauche et la pointe arrière de l'étoile, pour se terminer au niveau de la partie supérieure de l'oreille droite. Ainsi se forment deux autres sections triangulaires (sec. 2/3) ainsi qu'une autre section (sec. 4) qui comprend le côté droit. (fig. 2/3/4/5).

**3.** Colorer la section restante (sec. 5) en utilisant Evolution des coloris 4.52 + 5.52 mélangés en proportions égales.

**4.** Appliquer Evolution des coloris 7 + 7.43 mélangés en proportions égales sur les sections 2, 3 et 4.

**5.** Appliquer Evolution des coloris 8.1 + 8.31 mélangés en proportions égales sur la section 1.

**6.** Commencer du côté droit en prenant des sections horizontales. Maintenir a première section verticalement vers le sol pour créer une forte ligne de contour de la chevelure. Relever chaque section suivante légèrement plus haut, ce qui crée un dégradé (fig. 1).

**7.** Travailler sur le derrière de la tête en utilisant des sections diagonales ; utiliser la section latérale droite en tant que guide. Ici encore, relever chaque section légèrement plus haut que la précédente pour créer votre forme. Le degré auquel les sections sont soulevées dépend de la texture de la chevelure (fig. 2).

**8.** Continuer à travailler sur le côté gauche en utilisant des sections courbées de la ligne de contour de la chevelure arrière jusqu'à la bordure frontale. Commencer à intégrer votre ligne qui doit être coupée contre la peau pour créer une courbe. Relever ensuite chaque section légèrement plus haut, pour biseauter votre ligne. Ramener les cheveux vers l'arrière pour maintenir plus de poids sur la ligne de contour de la chevelure (fig. 3).

**9.** Sécher à l'air chaud et couper la franche en utilisant des sections horizontales. Utiliser un peigne à dents larges pour éviter tout excès de tension sur les cheveux, puis couper une ligne au carré (fig. 4). Finaliser tout le contour en piquetant.

*Hairstyle/Peinado/Coiffure:* Goldwell
*Products/Productos/Produits:* Goldwell

 **Color**
Coloring formulas

**I.** 40 ml of the lotion Colorance Lowlights Developer + 20 ml Colorance Lowlights 7-8 (warm)
**II.** 30 ml of the lotion Colorance Developer +10 ml Colorance 10G (champagne blond)
Initial condition: natural base 7N at the rots and 10GN and lighter along the length.
**1–4.** Separate the hair into 8 sections, as shown in the photos.
**5–8.** Highlight all of the sections with formula I, foil the colored strands and leave ? inch-wide strands between the foils. Section the strands in the following way:
- Take the first thin strand, color and foil it (picture A).
- Skip a ½ inch-wide strand.
- Take highlights from the next thin strand (picture B).
- Skip another ½ inch-wide strand.
- Take smaller highlights from the next thin strand (picture C).
Apply the color leaving ¼ inch of the roots uncolored. Color the laterals without skipping ½ inch-wide strands.
**9.** Color the rest of the hair with formula II. Leave to process for 30-45 minutes.

 **Color**
Fórmulas de coloración

**I.** 40 ml de la loción Colorance Lowlights Developer + 20 ml Colorance Lowlights 7-8 (warm).
**II.** 30 ml de la loción Colorance Developer +10 ml Colorance 10G (champagne blond)
Condición inicial: base natural 7N en la raíz y 10GN y más claro todo a lo largo.
**1–4.** Separar el pelo en 8 secciones tal como se muestra en las fotos.
**5–8.** Iluminar todas las secciones con fórmula I, colocar una lámina de aluminio a las mechas teñidas y dejar una mecha de ½ pulgada de ancho entre ellas. Separar las mechas de la siguiente manera:
- Tomar la primera mecha angosta, teñirla y colocarle la lámina de aluminio(imagen A).
- Saltear una mecha de ½ pulgada de ancho.
- Tomar reflejos de la siguiente mecha angosta (imagen B)
- Saltear otra mecha de ½ pulgada de ancho
- Tomar reflejos más pequeños de la siguiente mecha angosta (imagen C)
Aplicar el color dejando ¼ pulgada de la raíces sin teñir. Colorear los laterales sin saltear mechas de ½ pulgada de ancho.
**9.** Teñir el resto del cabello con Fórmula II. Dejar actuar por 30-45 minutos.

 **Couleur**
Formules de coloration

**I.** 40 ml de lotion Colorance lowlights Developer + 20 ml de Colorance Lowlights 7-8 (tiède).
**II.** 30 ml de lotion Colorance Developer + 10 ml de Colorance 10G (blonde champagne).
Condition initiale: base naturelle 7N aux racines et 10G et plus clair sur la longueur des cheveux.
**1–4.** Séparer les cheveux en 8 sections comme illustré sur les photographies.
**5–8.** Eclaircir toutes les sections avec la formule I et envelopper les mèches colorées dans du papier d'aluminium en laissant des mèches d'une largeur de ½ pouce (un peu plus d'un cm) entre les feuilles. Séparer les mèches de la manière suivante :
- Prendre une première fine mèche, la colorer et l'envelopper dans une feuille de papier d'aluminium (photographie A).
- "Sauter" une mèche d'une largeur de ½ pouce (un peu plus d'un cm).
- Prendre des balayages de la fine mèche suivante (photographie b).
- "Sauter" une autre mèche d'une largeur de ½ pouce (un peu plus d'un cm).
- Prendre des plus petits balayages de la fine mèche suivante (photographie C).
Appliquer la couleur en laissant ¼ de pouce (un peu plus de ½ cm) sur la racine sans coloration. Colorer les côtés sans "sauter" de mèches d'une largeur de ½ pouce (un peu plus d'un cm).
**9.** Colorer le reste des cheveux avec la formule II. Laisser agir pendant 30-45 minutes.

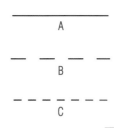

A

B

C

10

*Hair/Peinado/Coiffure:* Wella Professionnals
*Products/Productos/Produits:* Wella Professionnals

 **Cut and color**
Coloring formulas

**I.** Koleston Perfect 6/07 ("cypress" middle blond natural brown) + 6% Welloxon Perfect (1:1).
**II.** Koleston Perfect 7/38 (blond golden pearl) + 6% Welloxon Perfect (1:1).
**III.** Koleston Perfect 8/38 (light blond golden pearl) + 9% Welloxon Perfect (1:1).
**IV.** Koleston Perfect 10/38 (bright blond golden pearl) + 12% Welloxon Perfect (1:1).
Initial condition: level of color depth on the roots 7.0 (natural base), 8/73 ("light tobacco" - light blond brown golden) trough the length and on the ends.

**1.** Divide the hair into zones as shown on the picture.
**2.** Cut a fringe of a rounded shape.
**3.** Make a parting from ear to ear. Connect the hair of separated section with the fringe, continuing to create a light rounded shape.
**4.** Point-cut the hair to establish the length of the hair in the nape.
**5.** Separate a crescent section in the crown area and point-cut it connecting with the hair of the nape area. Connect the hair of the crown with the fringe. Use the created line as a guideline, point-cut the hair all over the head.
**6.** Divide the hair into sections as shown on the picture.
**7.** With formula I, color the loose hair on the perimeter of the head and cover it with a foil (red foil).
**8.** Separate by radial partings strands on the sides of the triangles, and color them with formula IV (green foil).
**9.** Make radial partings to separate strands in the center of the triangles and color them with formula III (yellow foil). To the rest of the hair from roots to ends apply formula II. Allow a time of exposure of 35 minutes without heat. Wash the hair with Lifetex Color Nutrition Shampoo and apply Lifetex Color Nutrition Color Finishing Cream, comb the hair carefully. When the time of exposure runs out wash the cream away.

 **Corte y color**
Fórmulas de coloración

**I.** Koleston Perfect 6/07 ("ciprés" rubio medio marrón natural) + 6% Welloxon Perfect (1:1).
**II.** Koleston Perfect 7/38 (rubio perla dorada) + 6% Welloxon Perfect (1:1).
**III.** Koleston Perfect 8/38 (rubio claro perla dorada) + 9% Welloxon Perfect (1:1).
**IV.** Koleston Perfect 10/38 (rubio brillante perla dorada) + 12% Welloxon Perfect (1:1).
Condición inicial: nivel de profundidad del color en las raíces 7.0 (base natural), 8/73 ("tabaco – claro"rubio claro marrón dorado) en el largo del pelo y en las puntas.

**1.** Dividir el pelo en zonas tal como se muestra en la imagen.
**2.** Cortar un flequillo de forma redondeada.
**3.** Hacer una raya de oreja a oreja. Conectar el pelo de la sección aislada con el flequillo, continuar con la creación de una forma redondeada liviana.
**4.** Puntear el cabello para establecer el largo en la nuca.
**5.** Separar una sección creciente en el área de la coronilla cortarla con la punta de la tijera y conectarla con el pelo del área de la nuca. Conectar el pelo de la coronilla con el flequillo. Utilizar la línea creada como guía, puntear el cabello de toda la cabeza.
**6.** Dividir el pelo en secciones, tal como se muestra en la imagen.
**7.** Con la Fórmula I teñir el pelo suelto en el perímetro de la cabeza y cubrirlo con una lámina de aluminio (rojo).
**8.** Separar mediante rayas radiales, mechas a los costados de los triángulos y, teñirlos con fórmula IV (lámina de aluminio verde).
**9.** Hacer una raya radial para separar mechas en el centro de los triángulos y teñirlos con fórmula III (lámina de aluminio amarillo). Aplicar fórmula II al resto del cabello, desde las raíces a las puntas. Dejar actuar por 35 minutos sin calor. Lavar el cabello con Lifetex Color Nutrition Shampoo y aplicar Lifetex Color Nutrition Color Finishing Cream, peinar el pelo cuidadosamente. Cuando el tiempo de exposición ha transcurrido enjuagar la crema.

**Coupe et couleur**
Formules de coloration

**I.** Koleston Perfect 6/07 ("cyprès" brun naturel blond naturel) + 6% Welloxon Perfect (1:1).

**II.** Koleston Perfect 7/38 (perle blond doré) + 6% Welloxon Perfect (1:1).

**III.** Koleston Perfect 8/38 (perle blond doré clair) + 9% Welloxon Perfect (1:1).

**IV.** Koleston Perfect 10/38 (perle blond doré clair) + 12% Welloxon Perfect (1:1).

Condition initiale: niveau de profondeur de couleur 7.0 sur les racines (base naturelle), 8/73 (blond clair brun doré "Tabac léger") sur la longueur des cheveux et sur les pointes.

**1.** Diviser les cheveux en zones comme illustré sur la photographie.

**2.** Couper une frange de forme arrondie.

**3.** Tracer une raie d'une oreille à l'autre. Réunir les cheveux de la section séparée avec la frange, en continuant à créer une forme légèrement arrondie.

**4.** Couper en piquetant les cheveux pour établir la longueur des cheveux dans la nuque.

**5.** Séparer une section en forme de croissant sur la couronne et la couper en piquetant, en la connectant aux cheveux dans la nuque. Réunir les cheveux sur la couronne avec ceux de la frange. Utiliser la ligne créée comme guide, couper en piquetant sur toute la chevelure.

**6.** Diviser les cheveux en sections comme illustré sur la photographie.

**7.** Avec la formule 1, colorer les cheveux libres sur le périmètre de la tête et les recouvrir d'une feuille d'aluminium (feuille d'aluminium rouge).

**8.** Séparer des mèches par des raies radiales sur les côtés du triangle et les colorer avec la formule IV (feuille d'aluminium verte).

**9.** Tracer des raies radiales pour séparer des mèches au milieu des triangles et les colorer avec la formule III (feuille d'aluminium jaune). Appliquer la formule II sur le reste des cheveux de la racine à la pointe. Laisser agir 35 minutes sans source de chaleur. Laver la tête avec le shampooing Lifetex Color Nutrtion, appliquer la crème de finition couleur Lifetex Color Nutrition, et peigner les cheveux soigneusement. Lorsque le temps d'application s'est écoulé, rincer la crème.

**Hairstyle/Peinado/Coiffure:** *Lubov Anguelova*
**Make-up/Maquillaje/Maquillage:** *Tatiana Slavina*
**Photo/Foto/Photo:** *Zilia Leibova*
**Products/Productos/Produits:** *L'Oréal Professionnel*

### Color and cut

Initial condition: roots, 3.0; middle lengths and ends, 6.3.
**1.** Divide the hair into areas as shown on the picture.
**2.** Highlight some strands in the crown area, tone the discolored strands with Richesse by Diacolor 7.45 + Richesse developer. Apply Majirel 7.45 + 7.64 + 6% oxidizer to the temple areas. Color the rest of the hair with Majirel 4.56 + 6% oxidizer.
**3.** Separate the hair into areas as shown on the picture.
**4.** Work on the contour of the lower nape area, cutting a straight line into the hair.
**5.** Cut the lower and middle nape area, dividing the strands with vertical partings and pulling the hair out at a 90° angle.
**6.** Cut the temple areas, pulling strands slightly upwards.
**7.** Isolate a strand in the crown area by making a horizontal parting and point-cut it. Use the strand as a guideline to cut the rest of the hair in the crown area, dividing the hair with horizontal partings.
**8.** Work on the contour of the fringe.
**9.** Cut the upper nape area and join it with the crown and the middle nape areas at the same time.
**10.** Blow-dry the hair and add some texture to the haircut.

### Color y corte

Condición inicial: raíces, 3.0; puntas y largos medios, 6,3.
**1.** Dividir el pelo en áreas, tal como se muestra en la imagen.
**2.** Hacer algunos reflejos en la zona de la coronilla, tonalizar las mechas decoloradas con Richesse de Diacolor 7.45 + revelador Richesse. Aplique Majirel 7.45 + 7.64 + oxidante6%.
**3.** Separar el cabello en áreas, tal como se muestra en la imagen.
**4.** Trabajar en el contorno de la parte baja de la nuca cortando el pelo en línea recta.
**5.** Cortar la zona baja y media de la nuca dividiendo los mechones en secciones verticales, elevando el pelo en un ángulo de 90°.
**6.** Cortar el área de las sienes, apenas elevando los mechones.
**7.** Aislar un mechón en el área de la coronilla haciendo una raya horizontal y punteándolo. Usar este mechón como guía para cortar el resto del pelo del área de la coronilla dividiendo el pelo con una raya horizontal.
**8.** Trabajar con el contorno del flequillo.
**9.** Cortar el área superior de la nuca y unirla con la coronilla y el área media de la nuca al mismo tiempo.
**10.** Secar el pelo con secador y darle alguna textura al corte.

### Couleur et coupe

Condition initiale: racines, 3.0 ; mi-longueurs et pointes, 6.3.
**1.** Diviser les cheveux en zones conformément à la photographie.
**2.** Eclaircir des mèches sur la couronne, teindre avec Richesse de Diacolor 7.45 + le révélateur Richesse les mèches décolorées. Appliquer Majirel 7.45 + 7.64 + oxydant 6% sur les tempes. Colorer le reste de la chevelure avec Majiral 4.56 + oxydant 6%.
**3.** Séparer les cheveux en zones conformément à la photographie.
**4.** Travailler sur le contour de la nuque inférieure en coupant une ligne droite dans les cheveux.
**5.** Couper la nuque inférieure et moyenne en séparant les mèches par des raies verticales et en tenant les cheveux à un angle de 90°.
**6.** Couper les tempes en tenant les mèches légèrement vers le haut.
**7.** Isoler une mèche sur la couronne en traçant une raie horizontale et la couper en piquetant. Utiliser cette mèche comme guide pour couper les cheveux sur la couronne en les divisant par des raies horizontales.
**8.** Travailler sur le contour de la frange.
**9.** Couper la nuque supérieure et la réunir simultanément à la couronne et à la nuque moyenne.
**10.** Sécher les cheveux à l'air chaud et donner de la texture à la coupe.

*Hairstyle/Peinado/Coiffure: Zak Mascolo, TIGI*

### Cut

**1.** Establish a diagonal forward section from the occipital bone to the top of each ear and secure out of the way.

**2.** Place a delta section from the crown to the low recession point on either side of the hairline and secure out of the way.

**3.** Tale a hairline section underneath the recession area. Over-direct the section forwards and slide cut from the cheekbone down to the length, creating a C-curvature.

**4.** Continue taking vertical sections throughout the back area. Use a controlled slicing technique following the guide to complete the line.

**5.** Repeat the technique on the opposite side.

**6.** Release the nape section. Create a central vertical section, comb to 90 degrees and use controlled slicing to blend out to the length. Use this same technique throughout the back to connect the length.

**7.** Isolate a triangular fringe approximately 2 inches in from the front hairline out to the recession area on both sides. Divide this with a central vertical parting. Over-direct to the outside and point cut from short to long.

**8.** Use exactly the same technique on the opposite side to create a V shaped switch fringe.

**9–10.** Release the delta section. Maintain the central parting, comb the hair to natural fall, elevate to 45 degrees and create a decline interior by cutting to follow the shape of the jaw line, disconnecting it from the underneath length.

**11.** Repeat this on the opposite side.

**12.** Blow dry with a TIGI hardcore professional sculpting brush.

**13–14.** Personalise the shape with a combination of slicing and surface cutting.

### Corte

**1.** Establecer una sección delantera diagonal desde el hueso occipital a la punta de cada una de las orejas y sujetarla.

**2.** Separar una sección "delta" desde la coronilla hasta las entradas de cada lado de la línea del pelo y sujetarla.

**3.** Tomar una sección a lo largo de la línea del pelo, justo debajo del área de las entradas. Llevar las secciones hacia adelante y deslizar las tijeras desde el pómulo a lo largo del pelo creando una curva con forma de "C".

**4.** Continuar con las secciones verticales en toda la parte trasera. Deslizar en forma controlada las tijeras por el pelo siguiendo la guía hasta completar la línea.

**5.** Repetir la misma técnica en el lado opuesto.

**6.** Soltar la sección de la nuca. Crear una sección vertical, peinar en un ángulo de 90º y deslizar en forma controlada las tijeras por el pelo para unificar el largo. Utilizar esta misma técnica en toda la parte trasera para unificar el largo.

**7.** Aislar un flequillo triangular a 2 pulgadas, aproximadamente de la línea del pelo delantera desde las entradas de ambos lados. Dividirlo con una raya vertical en el medio. Alejar un poco el pelo y puntearlo yendo de corto a largo.

**8.** Usar la misma técnica en el lado opuesto para crear un flequillo en forma de "V"

**9–10.** Soltar la sección "delta". Mantener la raya en el medio, peinar el pelo en el sentido de la caída natural, elevarlo en un ángulo de 45º y crear una declinación hacia el interior siguiendo la línea de la mandíbula, desconectar el largo respecto del de abajo.

**11.** Repetirlo en el lado opuesto.

**12.** Secar con secador y con Cepillo profesional para esculpir TIGI.

**13–14.** Personalizar la forma con una combinación de cortes: deslizando la tijera por el pelo y con el corte de superficie.

### Coupe

**1.** Tracer une section diagonale vers l'avant, de l'os occipital jusqu'au-dessus de chaque oreille et bien dégager.

**2.** Dessiner une section en V de la couronne jusqu'au point de récession inférieur fronto-temporale de chaque côté de la bordure frontale.

**3.** Prendre une section sur la ligne de contour de la chevelure sous la zone de récession. Ramener la section vers l'avant et couper en glissant de la pommette sur toute la longueur en créant une courbe en C.

**4.** Continuer en prenant des sections verticales vers le derrière de la tête. Couper en glissant en respectant le guide pour finaliser la ligne.

**5.** Procéder de la même manière de l'autre côté.

**6.** Libérer la section dans la nuque. Créer une section verticale au milieu, la peigner à 90 degrés et couper en glissant pour ajuster la longueur. Utiliser la même technique vers le derrière de la tête pour connecter la longueur.

**7.** Isoler une frange triangulaire à environ 2 pouces à l'intérieur de la bordure frontale vers la zone de récession des deux côtés. Ramener vers l'extérieur et couper en piquetant de court à long.

**8.** Utilisez exactement la même technique de l'autre côté pour créer en frange en V inversé.

**9–10.** Libérer la section en V. Maintenir la raie centrale, peigner les cheveux en suivant la ligne selon laquelle ils retombent naturellement, relever à un angle de 45 degrés et créer un intérieur en déclin en coupant pour suivre la ligne de la mâchoire, créant une rupture avec la longueur des cheveux en-dessous.

**11.** Procéder de la même manière de l'autre côté.

**12.** Sécher à l'air chaud à l'aide d'une brosse plate professionnelle TIGI.

**13–14.** Personnaliser la forme en combinant les effilés et la coupe de surface.

***Hairstyle/Peinado/Coiffure:*** *Italian Style Framesi*
***Make-up/Maquillaje/Maquillage:*** *S. Dell'Orto*
***Style:*** *D. Eugeni, A. Argentieri*

### Color and cut

**1.** After applying Framcolor 2001 7BP, trace a line from the end of the left eyebrow to the center of the nape, and another line from the middle of the right eyebrow to the area behind the mastoid. Create thin highlights on this section to lighten 50% of the hair up to level 9 using Decolor B.
**2.** Form a triangle between the eyebrows and the perimetral center of the hairlines.
**3.** Make 2 equal sections by tracing 2 symmetrical lines from 3 cm (1") below the perimetral center to the tip of the ear.
**4.** Cut the hair square at a length of 15 cm (6").
**5.** Connect all the back section to the length obtained, lifting the hair in vertical slices and cutting it square to 15 cm (6").
**6.** Finish off the back perimeter cutting the hair square to a length of 12 cm (4½ ").
**7.** Finish off the side perimeter cutting between 2 cm (¾ ") and the maximum length using the Sliding Cut Technique.
**8.** Take the triangle sectioned off in the front to the vertex and cut it from the length obtained at that point to a maximum length of 25 cm (9½ ").
**9.** Trace a diagonal part between the middle of the left eyebrow arch and the vertex, so as to reach half-way across the right eyebrow arch. Comb the hair straight down and cut it from the left eyebrow to the right angle of the mouth.
**10.** Finish off the entire cut with thinning shears using Energy Cut Advanced Technique*.

### Color y corte

**1.** Luego de aplicar Framcolor 2001 7BP trazar una línea desde la ceja izquierda hasta la nuca, y otra línea desde el medio de la ceja derecha hasta el área posterior al hueso mastoideo. Crear finos reflejos en esta sección para aclarar un 50% del cabello al nivel 9 usando Decolor B.
**2.** Formar un triángulo entre las cejas y el centro del perímetro de la línea del pelo.
**3.** Hacer dos secciones iguales trazando 2 rayas simétricas desde 3 cm (1") por debajo del centro del perímetro hasta la punta de la oreja.
**4.** Cortar el pelo en forma recta a un largo de 15 cm (6").
**5.** Conectar toda la parte trasera con el largo obtenido, elevar verticalmente el pelo por partes y cortar en forma recta a un largo de 15 cm (6").
**6.** Para finalizar el perímetro trasero cortar el pelo en forma recta a un largo de 12 cm (4½").
**7.** Para finalizar el perímetro lateral cortar entre 2 cm (¾") y el máximo largo con la técnica de deslizar la tijera.
**8.** Separar una sección triangular en el frente hacia el vértice y cortar desde el largo obtenido en ese punto hasta un largo máximo de 25cm (9 ½").
**9.** Trazar una raya diagonal entre el centro del arco de la ceja izquierda y el vértice, de modo tal de alcanzar a mitad camino el arco de la ceja derecha. Peinar el cabello hacia abajo y cortar desde la ceja izquierda hacia el ángulo derecho de la boca.
**10.** Finalizar el corte con las tijeras de entresacar usando la Técnica Avanzada de Corte "Energy"*.

### Couleur et coupe

**1.** Après avoir appliqué Framcolor 2001 7BP, tracer une ligne de l'extrémité du sourcil gauche au centre de la nuque et une autre ligne du milieu du sourcil droit jusqu'à la zone derrière la mastoïde. Créer des mèches fines sur cette section pour éclaircir 50 % des cheveux jusqu'au niveau 9 en utilisant Decolor B.
**2.** Dessiner une ligne concave d'un sourcil à l'autre en passant par le centre de la tête.
**3.** Créer 2 sections égales en traçant 2 lignes symétriques commençant à 3 cm (1 pouce) au-dessous du centre de la tête jusqu'à la pointe de l'oreille.
**4.** Couper les cheveux au carré à une longueur de 15 cm (6 pouces).
**5.** Connecter toute la section à l'arrière de la tête à la longueur obtenue, en soulevant les cheveux en tranches verticales et en les coupant au carré à une longueur de 15 cm (6 pouces).
**6.** Finaliser le périmètre à l'arrière de la tête en coupant les cheveux au carré à une longueur de 12 cm (4 ½ pouces).
**7.** Finaliser le périmètre latéral en coupant en glissant de 2 cm (¾ de pouce) à la longueur maximale.
**8.** Prendre la section concave isolée sur le devant, la ramener vers le vertex et la couper de la longueur obtenue à ce point-là jusqu'à la longueur maximale de 25 cm (9 ½ pouces).
**9.** Tracer une raie diagonale entre le milieu de l'arc sourcilier gauche et le vertex de manière à couvrir la moitié de la distance jusqu'à l'arc sourcilier droit. Peigner les cheveux à la verticale vers le sol et les couper du sourcil gauche vers l'angle droit de la bouche.
**10.** Finaliser toute la coupe à l'aide de ciseaux à effiler en ayant recours à la technique de la coupe énergétique*.

*Hairstyle/Peinado/Coiffure:* Italian Style Framesi
*Make-up/Maquillaje/Maquillage:* S. Dell'Orto
*Style:* D. Eugeni, A. Argentieri

## Color and cut

**1.** Keeping 4 cm (1½ ") from the front hairline, section off a triangle between the eyebrow arches and the occipital bone, making a zigzag parting.

**2.** Color the section underneath with Framcolor 2001 4W + 4VR.

**3.** Color the sectioned off triangle with Framcolor 2001 5G + 5NC.

**4.** Sub-divide the head as follows: A) make a parting along the crown area to the perimetral center; B) section off a 2-3 cm (1") deep front section, depending on the hairline; C) on both sides, make a parting between the previous division and the tips of the ears.

**5.** D) at the back, make a central vertical parting and an ear-to-ear parting passing over the occipital bone; E) section off the mastoid bones.

**6.** Start the cut from the side sectors. Divide them into 2 sections and comb the hair towards the face. Shape the lower section layering the hair between the corner of the eye, the cheekbone and 1 cm (¼ ") below the earlobe.

**7.** For the upper section, proceed from the corner of the eye towards the cheekbone, ending 2 cm (¾") below the mandible.

**8.** Comb the hair from the mastoid sections straight down and layer at the level of the shoulders. In the lower section of the back, make a central reference strand to indicate maximum length. According to this length, connect the whole section diagonally to the length at the mastoid bones.

**9.** At the perimetral center, make a reference strand of about 12 cm (4½ ").

**10.** Sub-divide the top back section into wedges and, lifting each wedge vertically, link it to the perimeter length obtained over the occipital bone.

**11.** Comb the front section towards the face and cut it at the bridge of the nose using the Pinching Cut Technique.

**12.** Make a radial sub-division in the top sector and connect each section to the central reference strand and to the front perimeter.

**13.** Finish the whole cut using thinning shears.

## Color y corte

**1.** Aislar un triángulo a 4 cm (1½ ") de la línea del pelo entre los arcos de las cejas y el hueso occipital haciendo con una raya en zigzag.

**2.** Colorear la sección de abajo con Framcolor 2001 4W + 4VR.

**3.** Colorear el triángulo separado con Framcolor 2001 5G + 5NC.

**4.** Subdividir la cabeza de la siguiente manera: A) hacer una raya a través de la coronilla hacia el centro del perímetro. B) separar una sección delantera de 2-3 cm (1") de profundidad, dependiendo de la línea del pelo; C) hacer una raya en ambos lados entre la sección anterior y la punta de las orejas.

**5.** D) en la parte trasera hacer una raya vertical en el medio y una raya de oreja a oreja pasando sobre el hueso occipital; E) aislar los huesos mastoideos.

**6.** Comenzar el corte por los laterales. Dividirlos en 2 secciones y peinar el cabello hacia la cara. Modelar la sección baja haciendo capas con el pelo entre el borde del ojo, el pómulo y 1cm (¼ ") por debajo del lóbulo de la oreja.

**7.** Para la sección superior proceder desde el borde del ojo hacia el pómulo y finalizar a 2cm (¾") por debajo de la mandíbula.

**8.** Peinar el cabello de la sección mastoidea hacia abajo y hacer capas a la altura de los hombros. En la parte inferior trasera cortar un mechón de referencia que indique el largo máximo. Siguiendo este largo conectar toda la sección diagonalmente hacia el largo del área del hueso mastoideo.

**9.** En el centro del perímetro hacer un mechón de referencia de 12cm (4½").

**10.** Subdividir la sección superior trasera en cuña y, elevando verticalmente unirlo al largo obtenido del perímetro sobre el hueso occipital.

**11.** Peinar la sección delantera hacia la cara y cortar a la altura del puente de la nariz usando la técnica del "pellizco".

**12.** Hacer una subdivisión en rayos en la parte superior y conectar cada sección con el mechón de referencia central y con el perímetro superior.

**13.** Finalizar el corte con las tijeras de entresacar.

### Couleur et coupe

**1.** Isoler un triangle entre les arcs sourciliers et l'os occiput en traçant une ligne en zigzag à une distance de 4 cm (1 ½ pouces) de la ligne de contour de la chevelure.

**2.** Colorer la section en dessous avec Framcolor 2001 4W + 4VR.

**3.** Colorer le triangle isolé avec Framcolor 2001 5G + 5NC.

**4.** Sous-diviser la tête comme suit : A) dessiner une raie le long de la couronne jusqu'au milieu de la tête ; B) isoler une section avant de 2 à 3 cm (1 pouce) de profondeur en fonction de la bordure frontale; C) des deux côtés, tracer une raie entre la division précédente et la pointe des oreilles.

**5.** D) à l'arrière, tracer une raie verticale au centre et une raie d'une oreille à l'autre, passant par l'os occipital ; E) isoler les mastoïdes.

**6.** Commencer la coupe à partir des secteurs latéraux. Les diviser en 2 sections et peigner les cheveux vers le visage. Créer la forme de la section inférieure en dégradant les cheveux entre le coin de l'œil, la pommette et 1 cm (¼ de pouce) sous le lobe de l'oreille.

**7.** Pour la section supérieure, procéder du coin de l'œil vers la pommette pour terminer 2 cm (¾ de pouce) sous la mâchoire inférieure.

**8.** Peigner les cheveux des sections des mastoïdes verticalement vers le sol et dégrader au niveau des épaules. Dans la section inférieure à l'arrière, créer une mèche au milieu qui servira de référence pour indiquer la longueur maximale. Suivant cette longueur, connecter toute la section diagonale à longueur sur les mastoïdes.

**9.** Au centre de la tête, créer une mèche de référence d'environ 12 cm (4 ½ pouces).

**10.** Sous-diviser la section arrière supérieure en sous-sections pivotantes, en relevant chaque sous-section en question verticalement, et les connecter à la longueur du périmètre obtenue sur l'os occipital.

**11.** Peigner la section avant vers le visage et la couper en pinçant à la hauteur de l'arête nasale.

**12.** Prendre une sous-division radiale dans le secteur supérieur et connecter chaque section à la mèche-guide centrale et au périmètre avant.

**13.** Finaliser la coupe à l'aide de ciseaux à effiler.

*Hairstyle/Peinado/Coiffure:* Elina Martirosova
*Photo/Foto/Photo:* Igor Majatsky
*Products/Productos/Produits:* L'Oréal Professionnel

**Color and cut**
Coloring formulas

**I.** Decolorizing powder Platifiz precision + 9% oxidizer.

**II.** Majirel 6,52 + 8,34 + 6,3 + 8,4 + 6,35 + 6,34 + 2,7% oxidizer.

**III.** Majirel 6,32 + 6,34 + 8,30 + 5,4 (1cm) + 2,7% oxidizer.

**1–2.** Use formula I to highlight some strands all over the head.

**3–5.** Apply formula II to the roots. After exposure, wash the hair without shampoo and tone the rest of the hair with formula III.

**6.** Work on the contour of the nape area, cutting a straight line into the hair.

**7.** Isolate the upper nape area in a triangular shape.

**8.** Cut the lower nape area slightly shorter.

**9.** Cut the upper nape area, pulling the hair out at a 30° angle.

**10–11.** Isolate a triangular section in the crown area and cut the hair of the section pulling it toward the face.

**12.** Cut an asymmetric fringe in a "free hand" manner.

**13.** Use thinning shears to add some texture, cutting zigzag lines into the hair.

**14.** Use a comb and thinning shears to work on the temple areas.

**15.** With the thinning shears, cut zigzag lines into the hair of the crown.

**Color y corte**
Fórmulas de coloración

**I.** Polvo decolorante Platifiz precisión + oxidante 9%.
**II.** Majirel 6,52 +8,34 +6,3 + 8,4 + 6,35 + 6,34 + oxidante 2,7%.
**III.** Majirel 6,32 + 6,34 + 8,30 + 5,4 (1cm) + oxidante 2,7%.

**1–2.** Usar la fórmula I para decolorar algunas mechas alrededor de toda la cabeza.

**3–5.** Aplicar la fórmula II a las raíces. Luego de dejarla actuar lave el pelo sin shampoo y tonalice el resto del cabello con la fórmula III

**6.** Trabajar el contorno de la zona baja de la nuca, cortar el pelo en línea recta.

**7.** Separar el área superior de la nuca en forma triangular.

**8.** Cortar apenas más corta el área baja de la nuca.

**9.** Cortar el área de la nuca superior elevando el cabello en un ángulo de 30°.

**10–11.** Aislar una sección triangular en la zona de la coronilla y cortar el pelo de esa zona llevándolo hacia la cara.

**12.** Cortar un flequillo asimétrico a mano alzada.

**13.** Usar tijeras de entresacar para texturizar el cabello, cortar el pelo haciendo zigzag.

**14.** Usar Peine y tijeras de entresacar para trabajar con el área de las sienes.

**15.** Con las tijeras de entresacar cortar en zigzag el pelo de la zona de la coronilla.

**Couleur et coupe**
Formules de coloration

**I.** Poudre décolorante Platifiz precision + oxydant 9%.
**II.** Majirel 6,52 + 8,34 + 6,3 + 8,4 + 6,35 + 6,34 + oxydant 2,7%.
**III.** Majirel 6,32 + 6,34 + 8,30 + 5,4 (1cm) + oxydant 2,7%.

**1–2.** Utiliser la formule I pour éclaircir des mèches sur toute la chevelure.

**3–5.** Appliquer la formule II sur les racines. Après avoir laissé agir, laver les cheveux sans shampooing et teindre le reste de la chevelure avec la formule III.

**6.** Travailler sur le contour de la nuque en coupant une ligne droite dans les cheveux.

**7.** Isoler la nuque supérieure en traçant un triangle.

**8.** Couper légèrement plus court la nuque inférieure.

**9.** Couper la nuque supérieure en tenant les cheveux à un angle de 30°.

**10–11.** Tracer un triangle sur la couronne et couper les cheveux dans cette section en les ramenant vers le visage.

**12.** Couper une frange asymétrique à main levée.

**13.** A l'aide de ciseaux à effiler donner de la texture en coupant des lignes en zigzag.

**14.** A l'aide d'un peigne et de ciseaux à effiler travailler sur les tempes.

**15.** Faire des lignes en zigzag sur la couronne à l'aide de ciseaux à effiler.

 11
 12
 13
 14
 15

***Hairstyle/Peinado/Coiffure:*** *Ella Arzumanian*
***Make-up/Maquillaje/Maquillage:*** *Victoria Burenkova*
***Photo/Foto/Photo:*** *Igor Majatsky*
***Products/Productos/Produits:*** *Wella Professionals*

### Color and cut

**1.** Color the crown area, applying Blondor to the middle length of the hair only, using the eclipse technique. For convenience, use transparent plates.

**2–3.** Take some strands from the temple area and from the left side of the lower nape area and decolorize them as well.

**4.** Apply Color Touch 2/8 + 1,9% oxidizer (1:2) to the rest of the hair. After exposure time, wash off the coloring agents and tone decolorized strands with 55/65 + 0/66 mixton + 1,9% oxidizer (1:2).

**5.** Make a parting from ear to ear through the inion.

**6.** Cut the whole nape area at once, pulling the hair vertically upwards.

**7.** Work on the contour of the area that has been cut, and create a concave line. Blow-dry and point-cut the hair.

**8–9.** Pull vertically upwards the rest of the hair and cut at the desired length. Point-cut it as well. Create a fringe of triangular shape.

### Color y corte

**1.** Colorear el área de la coronilla aplicando Blondor únicamente al largo medio del pelo, usar la técnica de eclipse. Por razones de conveniencia utilizar placas transparentes.

**2–3.** Tomar algunos mechones de las sienes y del lado izquierdo de la zona baja de la nuca y decolorarlos también.

**4.** Aplicar Color Touch 2/8 + oxidante 1,9% (1:2) al cabello restante. Dejar actuar, retirar los agentes de coloración y tonalizar los mechones decolorados con 55/65 + 0/66 mixton + oxidante 1,9% (1:2).

**5.** Trazar una raya de oreja a oreja a través del inión.

**6.** Cortar el área de la nuca completa en solo un corte elevando el pelo verticalmente.

**7.** Trabajar en el contorno del área cortada y crear una línea cóncava. Secar el pelo con secador y puntearlo.

**8–9.** Elevar verticalmente el resto del cabello y cortarlo al largo deseado. Puntearlo también. Crear un flequillo con forma triangular.

### Couleur et coupe

**1.** Colorer la couronne en appliquant Blondor sur la mi-longueur des cheveux uniquement, utilisant la technique d'éclipse. Pour des raisons pratiques, utiliser des plaques transparentes.

**2–3.** Prendre des mèches sur les tempes et sur les côtés de la nuque inférieure, et les décolorer également.

**4.** Appliquer Color Touch 2/8 + oxydant 1,9% (1:2) sur le reste de la chevelure. Après le temps nécessaire d'imprégnation, rincer les agents de coloration et teindre les mèches décolorées avec 55/65 ; 0/66 mixton + oxydant 1,9% (1:2).

**5.** Tracer une raie d'une oreille à l'autre en passant par l'inion.

**6.** Couper toute la nuque en un seul coup de ciseau en tenant les cheveux verticalement vers le haut.

**7.** Travailler sur le contour de la section qui vient d'être coupée, et créer une ligne concave. Sécher à l'air chaud et couper en piquetant.

**8–9.** Tenir verticalement vers le haut le reste des cheveux, et couper à la longueur souhaitée. Couper également en piquetant. Créer une frange de forme triangulaire.

***Hairstyle/Peinado/Coiffure:*** *Linda Benhaldy, Valentina Shishkova, beauty salon "Aida"*
***Model/Modelo/Modèle:*** *Nastia Kochetkova*
***Photo/Foto/Photo:*** *Roman Kalinin*
***Products/Productos/Produits:*** *Wella Professionals*

**Color and cut**

Initial condition: roots, 7/0; middle lengths and ends, 9/7, 10/03.
Preliminaries: To equalize the different tones, color the roots with Koleston Perfect 12/0 + 12/16 + 12/81 + 9%W (1 doze + 1 doze + 7 cm), leave for exposure for 20 minutes with climazon. Emulsify, comb the hair carefully and leave for 5 more minutes. Wash the hair with shampoo SP1.8 and apply stabilizer Krauterazid.

**1.** In the crown area, isolate a section in the shape of an asymmetric star. Color the hair outside of the star shape with Color Touch 9/03 + 9/01 (1 doze) + 7/75 + 88/07 (1 doze) + 1,9%. Cover the colored hair with a foil.

**2.** Around the star, separate strands of 1-1,5 cm - 2 cm and tone them with Color Touch 10/73 + 10/0 + 8/81 (2 dozes + 1 doze + 3 cm) + 1,9%.

**3.** Tone the rest of the hair inside the star shape with the formula that was mentioned in the first step. Time of exposure is 15 minutes using climazon. Wash the coloring agents off with shampoo SP1.8, apply over the hair the stabilizer SP3.8, and leave it for 15 minutes.

**4–6.** Make a parting from ear to ear. Separate the sides and the crown area in the shape of a triangle. Divide the lower nape area with a horizontal parting. Work over the hair with Sebastian Crema Styler.

**7.** Make a horizontal parting to create a strand to be used as a guide on the lower nape area; cut the strand on the level of the chin. Cut all the hair of the lower nape area strand-by-strand, creating a square shape.

**8.** Cut the sides in the same manner as the nape area to get a classic square shape.

**9.** Take strands by making vertical partings and make a graduation. The cut must be parallel to the parting.

**10.** Blow-dry the hair. Cut an asymmetric fringe. Point-cut the hair to finalize the haircut.

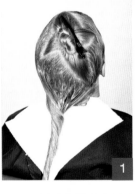

### Color y corte

Condición inicial: raíces, 7/9; puntas y medios, 9/7, 10/03.

Preliminares: Para igualar los diferentes tonos, teñir las raíces con Koleston Perfect 12/0 + 12/16 + 12/81 + 9%W (1 dosis + 1 dosis + 7 cm), dejar actuar por 20 minutos con el "climazón". Poner emulsión, peinar el cabello con cuidado y dejar actuar por 5 minutos más. Lavar el pelo con shampoo SP 1.8 y aplicar el estabilizador Krauterazid.

**1.** En la zona de la coronilla aislar una sección con forma de una estrella asimétrica. Colorear la estrella con Color Touch 9/03 + 9/01 (1 dosis) + 7/75 + 88/07 (1 dosis) + 1,9%. Cubrir el pelo teñido con una lámina de aluminio.

**2.** Alrededor de la estrella separar mechas de 1-1,5 cm.- 2cm y tonalizarlas con Color Touch 10/73 + 10/0 + 8/81 (2 dosis + 1 dosis + 3 cm.) + 1,9%.

**3.** Tonalizar el resto del cabello dentro de la estrella con la fórmula mencionada en el primer paso. Dejar actuar 15 minutos usando el "climazón". Retirar los agentes de la coloración con el lavado, usar shampoo SP1.8. Aplicar en el cabello el estabilizador SP3.8, y dejarlo actuar por 15 minutos.

**4–6.** Hacer una raya de oreja a oreja. Separar los laterales y la zona de la coronilla en forma de triángulo. Dividir la zona baja de la nuca con una partición horizontal. Trabajar el cabello con Sebastian Crema Styler.

**7.** Hacer una raya horizontal en la zona baja de la nuca para crear un mechón guía; cortar el mechón a la altura de la pera. Cortar todo el pelo del área de baja de la nuca mecha por mecha creando un "carre".

**8.** Cortar los laterales igual que el área de la nuca para lograr una clásica forma "carre".

**9.** Tomar mechones trazando una raya vertical y hacer una gradación. El corte debe ser paralelo a la raya.

**10.** Secar el pelo con secador. Cortar un flequillo asimétrico. Puntear el cabello para finalizar el corte.

### Couleur et coupe

Condition initiale: racines, 7/0; mi-longueurs et pointes, 9/7, 10/03.

Préliminaires: Pour égaliser les différences de tons, colorer les racines avec Koleston Perfect 12/0 + 12/16 + 12/81 + 9%W (1 dose + 1 dose ; 7 cm), laisser agir pendant 20 minutes à l'aide de Climazon. Emulsifier, peigner soigneusement et laisser agir de nouveau pendant 5 minutes. Laver les cheveux en utilisation le shampooing SP1.8 et appliquer le stabilisant Krauterazid.

**1.** Sur la couronne, isoler une section en forme d'étoile asymétrique. Colorer les cheveux à l'extérieur de la forme étoilée avec Color Touch 9/03 + 9/01 (1 dose) + 7/75 + 88/07 (1 dose) + 1,9%. Recouvrir les cheveux colorés d'une feuille d'aluminium.

**2.** Autour de la forme étoilée, séparer des mèches de 1 - 1,5 cm - 2 cm et les teindre avec Color Touch 10/73 + 10/0 + 8/81 (2 doses + 1 dose + 3 cm) + 1,9%.

**3.** Teindre le reste des cheveux à l'intérieur de la forme étoilée avec la formule mentionnée dans la première étape. Laisser agir pendant 15 minutes en utilisant Climazon. Rincer les agents de coloration au shampooing SP1.8, appliquer le stabilisant SP3.8 et laisser agir pendant 15 minutes.

**4–6.** Tracer une raie d'une oreille à l'autre. Séparer les côtés et la couronne en formes de triangle. Diviser la nuque inférieure par une raie horizontale. Travailler les cheveux avec le Sebastian Crema Styler.

**7.** Tracer une raie horizontale pour créer votre mèche-guide dans la nuque inférieure, et couper la mèche au niveau du menton. Couper tous les cheveux mèche par mèche dans la nuque inférieure pour créer un carré.

**8.** Couper les côtés en procédant de la même manière dans la nuque pour obtenir un carré classique.

**9.** Prendre des mèches en traçant des mèches verticales et dégrader. La coupe doit être parallèle aux raies tracées à cet effet.

**10.** Sécher les cheveux à l'air chaud. Couper une frange asymétrique. Couper en piquetant pour finaliser la coupe.

***Hairstyle/Peinado/Coiffure:** Mikhail Stez, Marina Kolchanova*
***Make-up/Maquillaje/Maquillage:** Mikhail Stez*
***Photo/Foto/Photo:** Roman Kalinin*
***Products/Productos/Produits:** Hipertin Professional*

### Color and cut

**1–3.** Separate the hair into areas as shown on the picture; leave the hair along the baseline loose.

**4.** Apply the coloring agent Utopik 3/00 + 4/35 + 3% oxidizer (1:1:2) to the loose hair.

**5–6.** On the rest of the hair take very fine strands with diagonal partings and highlight them to create the effect of a veil. After exposure, wash the coloring agents off and tone the hair in pastel Utopik 9/12 + 3% oxidizer (1:2).

**7–9.** Divide the lower nape area with a V-shape parting. Separate the top and crown areas and the fringe. Make vertical and horizontal partings to divide the rest of the hair into four sections.

**10.** Cut all the hair of the lower nape area at once to get a guideline.

**11.** Layer the lower nape area.

**12.** Cut the upper nape area: create the square line that falls diagonally by pulling the strands toward the face.

**13.** Cut the hair of the temple areas in the same manner, continue to create a square line that falls down to the face so that the hair is longer in the front.

**14.** Cut an asymmetric fringe, dividing the strands with diagonal partings.

**15.** Cut the crown area, keeping the hair longer toward the face, pulling the strands vertically up. Create the final shape of the haircut.

### Color y corte

**1–3.** Separar el pelo en áreas, tal como se muestra en la imagen; dejar suelto el pelo alrededor de la línea de base.

**4.** Aplicar el agente de coloración Utopik 3/00 + 4/35 + oxidante 3% (1:1:2) al pelo suelto.

**5–6.** En el resto del pelo tomar mechas muy finas con particiones diagonales y decolorarlas para crear un efecto de velo. Dejar actuar, retirar los agentes de coloración y dar un tono pastel al pelo con Utopik 9/12 + oxidante 3% (1:2).

**7–9.** Dividir el área baja de la nuca con una partición en forma de "V". Separar el área de la coronilla, la superior y el flequillo. Hacer una raya horizontal para dividir el resto del pelo en cuatro secciones.

**10.** Cortar el pelo del área baja de la nuca toda junta para obtener una línea de guía.

**11.** Cortar en capas el área baja de la nuca.

**12.** Cortar el área superior de la nuca: crear una línea recta que caiga diagonalmente, llevando las mechas hacia la cara.

**13.** Cortar el pelo de las sienes del mismo modo, continuar creando una línea recta que caiga hacia la cara para que el pelo sea más largo adelante.

**14.** Cortar un flequillo asimétrico dividiendo los mechones con una raya diagonal.

**15.** Cortar el área de la coronilla manteniendo el pelo más largo hacia la cara, elevando los mechones verticalmente para darle la forma definitiva al corte.

### Couleur et coupe

**1–3.** Séparer les cheveux conformément aux photographies correspondant, laisser les cheveux libres le long de la ligne de base.

**4.** Appliquer l'agent de coloration Utopic 3/00 + 4/35 + oxydant 3% (1:1:2) sur les cheveux libres.

**5–6.** Sur le reste des cheveux, prendre de très fines mèches en traçant des raies diagonales et les éclaircir pour créer un effet de voile. Laisser agir, rincer les agents de coloration et adoucir avec un ton pastel en utilisant Utopic 9/12 + oxydant 3% (1:2).

**7–9.** Diviser la nuque inférieure par une raie en V. Séparer le dessus de la tête, la couronne et la frange. Tracer des raies verticales et horizontales pour diviser le reste de la chevelure en quatre sections.

**10.** Couper tous les cheveux dans la nuque inférieure en une seule fois pour établir votre guide.

**11.** Dégrader la nuque inférieure.

**12.** Couper la nuque supérieure: créer une ligne carrée qui tombe diagonalement en ramenant les mèches vers le visage.

**13.** Couper les cheveux sur les tempes en procédant de la même manière, continuer de créer une ligne carrée qui tombe sur le visage de manière à ce que les cheveux soient plus longs sur le devant.

**14.** Couper une mèche asymétrique en séparant les mèches par des raies diagonales.

**15.** Couper la couronne tout en conservant plus de longueur à proximité du visage en relevant les mèches verticalement. Créer la forme définitive de la coupe.

Long hair / Cabello largo / Cheveux longs

*Hairstyle/Peinado/Coiffure: Richard Thompson, Darren Newton, Neil Atkinson for Mahogany*
*Style: Eric Nicmand*
*Make-up/Maquillaje/Maquillage: Elie Maalouf*
*Photo/Foto/Photo Mike Ruiz*

### Color and cut

**1.** Create a section in the shape of a half-moon (sec. 1), which begins from the outer edge of the right eyebrow arch and continues to the right edge of the hairline at the nape of the neck. The section must be thin at the edges and wide in the centre.
**2.** Color the half-moon with Evolution of the Color 7.34 + 8.43 mixed in equal portions.
**3.** Apply 2/3 di 7.32 + 1/3 di 6.45 Evolution of the Color onto section 2 located to the right of the half-moon.
**4.** Apply Evolution of the Color 5.53 onto the rest of section 3.
**5.** Start the haircut by sectioning a triangular section through the fringe area (fig. 1).
**6–7.** The layering technique begins on the top. Take a section from the crown to the front triangle (fig. 1), cut to desired length using an angle from shorter to longer. Pivot sections around the head until you pass the centre back (fig. 2/3). Each section is pulled straight out from the head to remove weight. Use horizontal sections to cross check your shape.
**8–9.** With the second side, diagonal sections are used. The first section is held down to create a rounded outline. Each subsequent section is lifted slightly higher creating graduation (fig. 4/5).
**10.** With the longer side, diagonal sections are worked across the face to produce a defined outline (fig. 6).
**11.** The fringe is cut using diagonal sections. Each section is over-directed to the first section to maintain length and weight (fig. 7).
**12.** Horizontal sections are taken through the first side and a square outline is cut (fig. 8); this continues through the back area with diagonal sections creating an asymmetric shape. Each section is pulled down onto the first, thus creating a strong outline (fig. 9).
**13.** In the second side 'A line' sections are used and the hair is directed back to behind the ear to maintain more length (fig. 10).
**14.** Once the hair is blow-dried, use a pointing technique to refine the outline.

### Color y corte

**1.** Crear una sección con forma de medialuna (sec. 1) que comience en el borde exterior del arco de la ceja derecha y continúe hacia el borde derecho de la línea del pelo de la nuca. La sección debe ser angosta en las puntas y más ancha en el centro.
**2.** Colorear la medialuna con Evolution of the Color 7.34 + 8.43 mezclado en partes iguales.
**3.** Aplicar 2/3 di 7.32 + 1/3 di 6.45 Evolution of the Color en la sección 2 ubicada a la derecha de la medialuna.
**4.** Aplicar Evolution of the Color 5.53 en el resto de la sección 3.

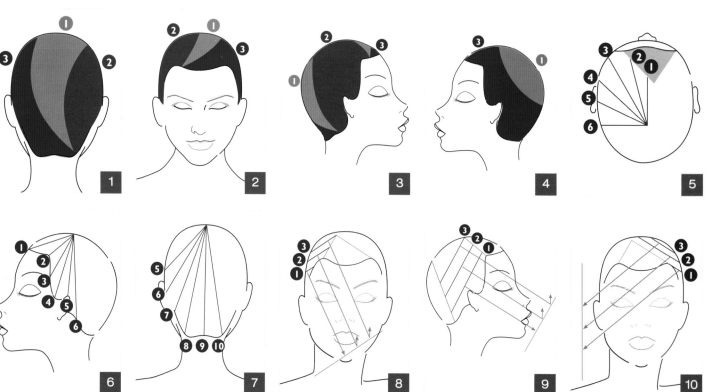

**5.** Comenzar el corte separando una sección triangular en el área del flequillo (fig. 1).

**6–7.** La técnica del corte en capas comienza en la parte superior. Tomar una sección de la coronilla hacia el triangulo delantero (FIG.1), cortar al largo deseado usando ángulos de menor a mayor. Girar a partir del mismo eje alrededor de la cabeza hasta pasar el centro de la parte trasera (fig. 2/3). Elevar cada sección en forma recta para quitar volumen. Utilizar secciones horizontales para chequear la forma.

**8–9.** Usar secciones diagonales para el segundo lado. La primera sección se sostiene hacia abajo para crear un marco curvo. Elevar apenas cada sección subsiguiente creando una gradación (fig. 4/5).

**10.** En el lado más largo trabajar con secciones diagonales sobre la cara para crear un marco definido (fig. 6).

**11.** Cortar el flequillo usando secciones diagonales. Llevar cada sección hacia la primera para mantener largo y peso (fig. 7).

**12.** Tomar secciones horizontales en la primera sección y cortar en línea recta un marco (fig. 8); Continuar así en la parte trasera con secciones diagonales para crear una forma asimétrica. Llevar cada sección a la primera para crear un marco definido. (fig. 9).

**13.** En el segundo lado, secciones con "líneas A" son utilizadas. Llevar el pelo detrás de las orejas para que sea más largo (fig. 10).

**14.** Luego de secar el pelo con secador, usar la técnica del punteo para afinar el marco.

### Couleur et coupe

**1.** Créer une section en forme de demi-lune (sec. 1) qui commence à l'extrémité extérieure de l'arc sourcilier droit et continue jusqu'à l'extrémité droite de la ligne de contour de la chevelure de la nuque inférieure. Cette section doit être étroite aux extrémités et large au milieu.

**2.** Colorer la demi-lune avec Evolution des coloris 7.34 + 8.43 mélangés en proportions égales.

**3.** Appliquer sur la section 2, située sur la droite de la demi-lune, Evolution des coloris 7.32 + 6.45 mélangés en proportions 2/3 et 1/3 respectivement.

**4.** Appliquer Evolution du coloris 5.53 sur le reste de la section 3.

**5.** Commencer la coupe en isolant une section triangulaire à travers la frange (fig. 1).

**6–7.** La technique du dégradé commence sur le dessus de la tête. Prendre une section de la couronne jusqu'à la section triangulaire frontale (fig. 1), couper à la longueur souhaitée en utilisant un angle de court à long. Pivoter autour de la tête en utilisant des sections jusqu'à ce que vous passiez le centre arrière (fig. 2/3). Relever perpendiculairement à la tête chaque section pour supprimer le volume excessif. Utiliser des sections horizontales pour vérifier votre forme.

**8–9.** Sur l'autre côté de la tête, utiliser des sections diagonales. Maintenir la première section à plat pour créer un contour arrondi. Relever chaque section suivante plus haut que la précédente pour créer un dégradé (fig. 4/5).

**10.** Sur le côté le plus long, travailler des sections diagonales à travers le visage pour créer une ligne de contour défini (fig. 6).

**11.** Couper la frange en utilisant des sections diagonales. Ramener chaque section vers la première section pour conserver longueur et volume (fig. 7).

**12.** Prendre des sections horizontales sur tout le premier côté et couper une ligne de contour au carré (fig. 8) ; continuer sur tout l'arrière de la tête en utilisant des sections diagonales pour créer une forme asymétrique. Ramener chaque section sur la première, créant ainsi un contour fort (fig. 9).

**13.** Sur le deuxième côté, utiliser des sections " Ligne A " et ramener les cheveux derrière les oreilles pour créer plus de longueur (fig 10).

**14.** Sécher les cheveux à l'air chaud et finaliser le contour en piquetant.

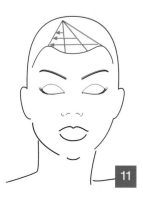
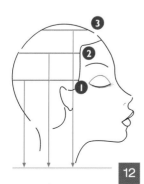
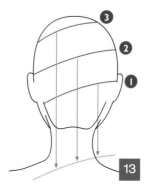
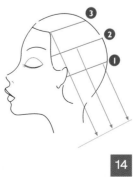

*Hairstyle/Peinado/Coiffure: Sanrizz International Artistic Team*
*Make-up/Maquillaje/Maquillage: Sanrizz International Artistic Team*

### Cut

**1.** Divide the hair from ear to ear and section the hair. Start by taking a diagonal section from crown to occipital bone. Comb hair directly out and cut using a slicing motion.

**2.** Continue over-directing each section back to the first, cutting from a shorter to a longer point.

**3.** Working through to the front hairline direct all the hair back to keep weight in the front.

**4.** To produce the shape through the front take a diagonal section and comb the hair forward. Cut the hair from a shorter to a longer point.

**5.** Continue directing the hair forward, slicing the hair.

**6.** At this point it is important to make sure you have an even tension this will help you control your angle.

**7.** Take a triangle section to form your fringe. Cut underneath your comb in a square line.

**8.** Keep hair in its natural form and continue to produce a strong precise line.

### Corte

**1.** Hacer una raya de oreja a oreja por el punto más alto de la cabeza. Escoger una mecha en el centro de la zona alta occipital, sacarla hacia arriba y cortarla usando el método de slicing. Esa mecha será la de referencia.

**2.** Cortar el resto del pelo de esa zona, separando las mechas con rayas radiales y estirándolas hacia la de referencia.

**3.** Peinar el pelo de la zona parietal y las áreas temporales hacia atrás y cortar manteniéndolo todo a la vez y usando corte móvil.

**4.** Para crear la forma en la parte frontal realizar una sección diagonal y peinar el pelo hacia adelante. Cortar el pelo desde el punto más corto hacia el más largo.

**5.** Seguir peinando el pelo hacia adelante, cortándolo por medio de "slicing".

**6.** En esa fase, es muy importante mirar que tenga la misma tensión, eso le ayudará controlar el ángulo.

**7.** Realizar una sección triangular para formar el fleco. Cortar debajo del peine a escuadra.

**8.** Mantenga el pelo en su forma natural y continúe haciendo una fuerte línea exacta.

### Coupe

**1.** Tracer une raie d'une oreille à l'autre. Séparer tout d'abord les cheveux en prenant une section diagonale de la couronne à l'os occipital. Peigner les cheveux directement vers l'extérieur et couper avec un mouvement effilant.

**2.** Continuer en ramenant chaque section sur la précédente, en coupant du point le plus court vers le plus long.

**3.** Sur la bordure frontale, ramener tous les cheveux vers l'arrière pour garder le poids sur le devant.

**4.** Pour créer la forme sur le devant, tracer une longue section diagonale et peigner les cheveux vers l'avant. Couper les cheveux du point le plus court vers le plus long.

**5.** Continuer à ramener les cheveux vers l'avant en effilant.

**6.** A ce moment, il est important de s'assurer que la tension est bien égale afin de bien contrôler votre angle.

**7.** Tracer une section triangulaire pour créer votre frange. Couper une ligne au carré sous votre peigne.

**8.** Garder la forme naturelle de la chevelure et continuer à produire une ligne forte et précise.

*Hairstyle/**Peinado**/**Coiffure:** Akos Bodi, TIGI*

## Cut

**1.** Take a profile parting from the forehead to the crown.
**2.** Place a radial parting from the crown to the ear on both sides.
**3.** Place a diagonal forward section from the radial through to the recession area on both sides. Sub-divide a halo section at the crown, and place two diagonal forward sections from the halo section down to the edge of the nape to separate the back from the sides.
**4–6.** In the back, take a central vertical section, elevate to 90 degrees and cut using a controlled slicing technique. On either side of the guideline take vertical sections, elevate to 90 degrees and cut to follow the guide from short to long.
**7.** Maintain vertical sections though the sides. Elevate to 90 degrees and continue with a controlled slicing technique through the top part of the section and slice cutting outwards to the existing length to allow for lighter density of hair in this area.
**8–9.** Release the halo section and take a pivoting section from the crown. Comb the hair straight cut 'square' to the head shape and cut to connect with the underneath length. Repeat this throughout the back.
**10.** From the ear forward, take a diagonal forward section from the profile parting. Over direct back to the guide behind the ear and cut square to the head shape.
**11.** Personalize the sides with controlled slicing.
**12.** Detail the top layers by holding the hair in the comb and using exaggerated point cutting.

## Corte

**1.** Trazar una raya de perfil desde la frente hasta la coronilla.
**2.** Hacer una raya radial desde la coronilla hasta la oreja a ambos lados.
**3.** Aislar una sección diagonal delantera desde la raya radial hacia el área de la recesión a ambos lados. Subdividir una sección como un halo en la coronilla y aislar dos secciones desde el halo hacia el borde de la nuca para separar la parte trasera de los lados.
**4–6.** Tomar una sección vertical en la parte trasera, elevar a 90 grados y cortar usando la técnica de desmechado controlado. A ambos lados de la línea guía tomar secciones verticales, elevar a 90 grados y cortar siguiendo la línea guía yendo de corto a más largo.
**7.** Mantener las secciones verticales a lo largo de los laterales. Elevar a 90 grados y continuar el corte con la técnica de desmechado controlado en la sección superior desmechando el largo existente para permitir menor densidad de pelo en esta área.
**8–9.** Soltar la sección del halo y tomar una sección pivote de la coronilla. Peinar el pelo y cortar en forma recta siguiendo la forma de la cabeza y conectar con el corte subyacente. Repetirlo a lo largo de la parte trasera.
**10.** Desde la oreja hacia adelante tomar una sección diagonal desde la raya de perfil. Redirigir hacia la línea guía detrás de la oreja y hacer un corte recto siguiendo la forma de la cabeza.
**11.** Personalizar el corte con un desmechado controlado.
**12.** Destacar las capas superiores sosteniendo el pelo con el peine y punteándolo exageradamente.

## Coupe

**1.** Tracer une raie centrale verticale du front à la couronne.

**2.** Tracer une raie d'une oreille à l'autre en passant par la couronne.

**3.** Isoler une section frontale diagonale de la zone radiale jusqu'à la zone de récession des deux cotés. Créer une sous-division circulaire sur la couronne, et tracer des sections frontales diagonales de la section circulaire jusqu'au contour de la nuque pour séparer l'arrière des côtés.

**4-6.** Dans la nuque, prendre une section centrale verticale, la tenir à un angle de 90 degrés, et couper en glissant en contrôlant bien la technique. De l'autre côté du guide, prendre des sections verticales, les relever à un angle de 90 degrés, puis couper en suivant le guide du plus court au plus long.

**7.** Maintenir des sections verticales sur les côtés. Prendre un angle de 90 degrés et continuer à couper en glissant sur la partie supérieure de la section à la longueur existante afin d'alléger le volume dans cette zone.

**8-9.** Libérer la section circulaire et prendre une section pivotante à partir de la couronne. Peigner les cheveux droits, couper les cheveux à angle droit de la tête, et réunir avec la longueur d'en dessous. Procéder de la même manière sur l'arrière de la tête.

**10.** De l'oreille vers l'avant, prendre une section diagonale frontale suivant la raie verticale centrale. Ramener vers l'arrière sur le guide et couper à angle droit de la tête.

**11.** Personnaliser les côtés en coupant en glissant.

**12.** Finaliser les couches supérieures en tenant les cheveux à l'aide du peigne et couper en piquetant de manière prononcée.

***Hairstyle/Peinado/Coiffure:** Italian Style Framesi Creative Team*

### Cut and color

**1.** Make two partings through the crown: one from ear to ear and the other at a right angle to the first one - from the center of the forehead to the center of the nape.

**2.** Make two partings from the crown towards eyebrows to form two triangular sections. Separate a small section in one of the triangles, stepping 1 inch from the hairline.

**3.** Comb the hair of the left triangular section down forward and cut with one cut diagonally from the middle of the nose to the jaw line.

**4.** Cut the right triangular section with a solid cut diagonally from the middle of the nose to the cheekbone.

**5.** Pull the hair of the triangular sections up at 90° and cut the strand with one single movement. Use a distance from the middle of the nose to the hairline as a guide.

**6.** Comb the hair of the left temple area up and cut diagonally with one single movement.

**7.** Cut the hair of the right temple area in the same way, cutting the hair almost horizontally.

**8.** Start cutting the nape area. Comb the hair from the right, pulling it up and along the line made in the temple area.

**9.** Cut the left side similarly, continuing the diagonal cut of the temple area towards the nape to accentuate the length.

**10.** Comb the hair of the bangs to the face and cut it straightly.

**11-14.** Color the hair with Framcolor 2001 hue 8 nc (basic color – natural cold very light blonde). Create the contrasts with Decolor B (shown beige at the scheme) and Framcolor 2001 hue 6 BP (brown at the scheme). Color the ends of the strands, turning them into wisps.

### Corte y color

**1.** Hacer dos rayas a través de la coronilla: una de oreja a oreja, y la otra en ángulo recto respecto de la línea anterior, desde el centro de la frente al centro de la nuca.

**2.** Hacer dos rayas a través de la coronilla hacia las cejas para crear dos secciones triangulares. Separar una sección pequeña en uno de los triángulos a 1 pulgada de la línea del pelo.

**3.** Peinar el cabello del triángulo izquierdo hacia adelante y cortarlo en un corte diagonal desde la nariz hacia la línea de la mandíbula.

**4.** Cortar diagonalmente el triángulo derecho desde la mitad de la nariz hacia el pómulo.

**5.** Elevar el pelo de la sección triangular a un ángulo de 90° y cortar la mecha con un único movimiento. Usar una distancia desde la mitad de la nariz hacia la línea del pelo como referencia.

**6.** Peinar hacia arriba el pelo de la sien izquierda y cortar diagonalmente con un único movimiento.

**7.** Cortar el pelo de la sien derecha del mismo modo. Hacer un corte casi horizontal.

**8.** Comenzar el corte del área de la nuca. Cortar el pelo de la derecha elevándolo a lo largo de la línea hecha en el área de la sien.

**9.** Cortar el lado izquierdo en forma similar continuando el corte diagonal del área de la sien hacia la nuca acentuando el largo.

**10.** Peinar el pelo del flequillo hacia la cara y cortar lo en forma recta.

**11-14.** Teñir el pelo con Framcolor 2001 hue 8 nc (color basico – frío natural rubio muy claro). Crear el contarste con Decolor B (beige en el esquema) y Framcolor 2001 hue 6 BP (marrón en el esquema). Teñir las puntas enroscándolas en unas mechas.

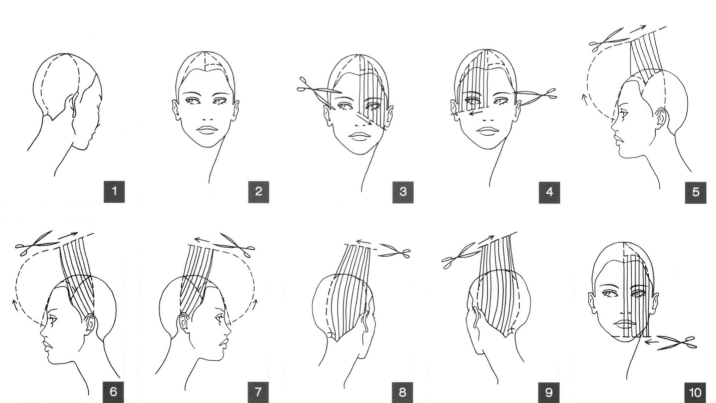

**Coupe et couleur**

**1.** Tracer deux raies sur la couronne : la première d'une oreille à l'autre et la deuxième à un angle droit de la précédente, partant du milieu du front jusqu'au milieu de la nuque.

**2.** Tracer deux raies de la couronne vers les sourcils pour créer deux sections triangulaires. Isoler une petite section dans l'un des triangles à un pouce (environ 2,5 cm) de la ligne de contour de la chevelure.

**3.** Peigner les cheveux de la section triangulaire gauche sur le devant et couper en une action en diagonale du milieu du nez jusqu'à la ligne de la mâchoire.

**4.** Couper la section triangulaire droite fermement en diagonale du milieu du nez à la pommette.

**5.** Ramener les cheveux des sections triangulaires à un angle de 90° et couper la mèche en un seul mouvement. Utiliser une distance du milieu du nez à la ligne de contour des cheveux en tant que guide.

**6.** Peigner les cheveux sur la zone de la tempe gauche en les relevant vers le haut et couper en diagonale en un seul mouvement.

**7.** Couper les cheveux sur la zone de la tempe droite en procédant de la même manière en coupant les cheveux quasiment à l'horizontal.

**8.** Commencer à couper dans la nuque. Peigner les cheveux sur la droite en les relevant vers le haut et le long de la ligne tracée sur la tempe.

**9.** Couper les cheveux sur le côté gauche en procédant de la même manière, en continuant la coupe diagonale de la tempe vers la nuque pour accentuer la longueur.

**10.** Peigner les cheveux de la frange vers le visage et les couper en gardant les ciseaux droits.

**11–14.** Colorer les cheveux avec Framcolor 2001 nuance 8 nc (couleur de base – blond très léger froid naturel). Créer des contrastes avec Decolor B (beige sur le schéma des couleurs) et Framcolor 201 nuance 6 BP (brun sur le schéma des couleurs). Colorer les extrémités des mèches en faisant de fines mèches.

11

12

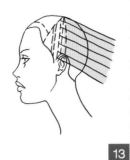

13

14

*Hairstyle/Peinado/Coiffure: Italian Style Framesi*

### Cut and color

**1.** Separate an asymmetrical fringe: start at the end of the right eyebrow and finish in the middle of the left eyebrow. The width of the area is 1-2 inches from the hairline. Cut the bang along the eye line.

**2.** Separate the crown area. Take two 1-inch-wide strands from the lateral areas and cut them to the middle of the neck length. Cut a 10-inch-long strand in the nape area.

**3.** Separate the lower nape area into 2 sections with a vertical parting. Comb the hair of the left-hand lateral and nape areas up and point-cut diagonally, connecting the two strands cut previously. Do the same on the right-hand side.

**4.** Comb the hair of the crown up and cut it once. Then slide-cut the hair.

**5-6.** Color the hair in a beige hue, roll it into wisps and lighten the ends of the wisps. Style the cut with a light styling creme.

### Corte y color

**1.** Separar un flequillo asimétrico: Comenzar en el extremo de la ceja derecha y finalizar en el medio de la ceja izquierda. El ancho del área es de 1-2 pulgadas desde la línea del pelo. Cortar el flequillo a lo largo de la línea de los ojos.

**2.** Aislar el área de la coronilla. Tomar dos mechas de 1 pulgada de ancho de los laterales y cortarlos a la altura de la mitad del cuello. Cortar una mecha de 10 pulgadas de largo en el área de la nuca.

**3.** Separar el área baja de la nuca en dos secciones con una raya vertical. Peinar el pelo del lateral izquierdo y del área de la nuca hacia arriba y puntear diagonalmente conectando las dos mechas cortadas anteriormente. Hacer lo mismo del lado derecho.

**4.** Peinar el pelo de la coronilla hacia arriba y cortarlo. Luego cortar deslizando las tijeras a lo largo del pelo.

**5-6.** Teñir el pelo en matices de Beige, enroscarlo en mechones e iluminar las puntas. Dar estilo al corte con una "light styling crème".

### Coupe et couleur

**1.** Isoler une frange asymétrique : commencer à l'extrémité du sourcil droit et terminer au milieu du sourcil gauche. La largeur de la zone à partir de la bordure frontale est de 1 à 2 pouces (2,5 à 5 cm). Couper la frange en suivant la ligne des yeux.

**2.** Isoler la couronne. Prendre deux mèches de 1 pouce (2,5 cm environ) de largeur sur les zones latérales et les couper à la longueur des cheveux dans le milieu de la nuque. Couper une mèche de 10 pouces (25 cm environ) de longueur dans la nuque.

**3.** Diviser par une raie verticale la nuque inférieure en deux sections. Peigner vers le haut les cheveux sur le côté gauche et dans la nuque, puis les couper en piquetant diagonalement en réunissant les deux mèches coupées précédemment. Procéder de la même manière du côté droit.

**4.** Peigner les cheveux sur la couronne et les couper en une seule fois. Puis effiler la chevelure.

**5-6.** Colorer les cheveux dans une nuance Beige, enrouler sur elles-mêmes de fines mèches, puis éclaircir leur extrémité. Donner la forme finale à la chevelure à l'aide d'une crème coiffante légère.

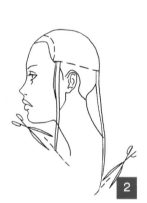
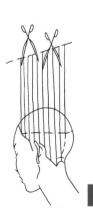

*Hairstyle/Peinado/Coiffure: Fabio Messina, Diadema*
*Make-up/Maquillaje/Maquillage: 20100Milano*
*Photo/Foto/Photo: Stefano Bidini*

 **Cut**
1. Make a V-shape parting at the crown.
2. Set the contour of the cut by following the V-line.
3. Cut the laterals to shoulder length.
4. Cut the fringe by using a line from the point of the nose to the right cheekbone.
5. Continue cutting the fringe by making zigzag movements.
6. Cut the hair of the frontal zone making it longer to the back.
7. Cut the hair of the crown by holding the strands at a right angle to the head.
8. Curl the hair into wisps and remove the excess weight.

 **Corte**
1. Hacer una división en forma de V.
2. Establecer el contorno del corte siguiendo la forma de la V.
3. Cortar los laterales a la altura de los hombros.
4. Cortar el flequillo siguiendo una línea desde la punta de la nariz hacia el pómulo derecho.
5. Continuar el corte del flequillo haciendo movimientos en zigzag.
6. Cortar el cabello de la parte delantera dejándolo más largo hacia atrás.
7. Cortar la zona de la coronilla elevando el pelo en ángulo recto.
8. Enroscar el pelo en una mecha y recortar el peso excesivo.

**Coupe**
1. Tracer une raie en V sur la couronne.
2. Créer le contour de la coupe en suivant la ligne en V.
3. Couper les côtés à la longueur des épaules.
4. Couper la frange en utilisant une ligne de la pointe du nez à la pommette droite.
5. Continuer à couper la frange en faisant des mouvements en zig-zag.
6. Couper les cheveux sur la zone frontale en gardant plus de longueur sur l'arrière.
7. Couper les cheveux sur la couronne en tenant les mèches à 90 degrés de la tête.
8. Enrouler les cheveux en fines mèches et éliminer le volume excessif.

Updo styles / Recogido / Coiffure

**Hairstyle/Peinado/Coiffure:** *Marianna Mukhamedeeva*
**Style:** *Andrey Revko for Fashion day club*
**Make-up/Maquillaje/Maquillage:** *Anatoly Vernigov*
**Photo/Foto/Photo:** *Roman Kalinin*

### Hairdo

**1.** All the hair is put into a pony tail, placing it in the right part of the lower occipital zone.
**2.** Divide the tail into two parts.
**3.** Set the tail at its foundation on roller, placing it the lower the better.
**4–5.** Divide the lower part of the tail into two parts and cover with them the both sides of a roller.
**6.** Beautify the head with decorative fillet strengthening it at the foundation of a bun.
**7–10.** Divide the rest of hair into small strands and tie several knots on each strand, strengthening them with hair-pins on the bun.

### Recogido

**1.** Ate todo el pelo en una cola de caballo. Colóquela en la parte inferior derecha de la zona occipital.
**2.** Divida la cola de caballo en dos partes.
**3.** Haga un rulo desde la base de la cola de caballo y colóquelo lo más bajo que pueda.
**4–5.** Divida la parte baja de la cola de caballo en dos partes y cubra con ellas ambas partes del rulo.
**6.** Embellezca la cabeza con una cinta decorativa sujeta refuércela en la base de un rodete.
**7–10.** Divida el resto del cabello en pequeñas mechas y ate muchos nudos en cada una de ellas, reforzándolas con ganchos de pelo sobre el Rodete.

### Coiffure

**1.** Faire une queue de cheval en utilisant tous les cheveux et la placer sur la partie droite de la zone occipitale inférieure.
**2.** Séparer horizontalement la queue de cheval en deux parties.
**3.** Installer la base de la queue de cheval sur un rouleau. Il est recommandé de la placer le plus bas possible.
**4–5.** Diviser la partie inférieure de la queue de cheval en deux parties et les utiliser pour couvrir les deux côtés du rouleau.
**6.** Placer autour de la tête un filet décoratif en le fixant à la base du chignon.
**7–10.** Diviser le reste des cheveux en petites mèches, faire plusieurs nœuds lâches sur chaque mèche, et les fixer avec des épingles à cheveux sur le chignon.

*Hairstyle/Peinado/Coiffure: Tyler Johnston for Schwarzkopf Professional*
*Make-up/Maquillaje/Maquillage: Melanie Schéne*
*Style: Ingo Nahrwold*
*Photo/Foto/Photo: Calle Stoltz*

### Hairdo

**1.** Apply Osis Volume Shot mousse to clean damp hair, blow-dry the hair. As soon as the hair obtains a smooth texture, separate a triangular section at the parietal area.

**2.** Divide the nape area into two sections by making a vertical part. Starting from the lower left nape area, tease the hair slightly with a bristle comb.

**3.** Move to temple area and bangs. Work the right side the same way.

**4–5.** Put one part over another and pull them tight, roll the ends inside in the lower nape area and fasten.

**6–10.** Tease the hair at the parietal area the same way and curl with curling iron. Connect with the main shape. This shape isn't supposed to be balanced. The crown is flat, the nape is heavier.

### Recogido

**1.** Aplique mousse Osis Volume Shot al pelo limpio y húmedo y seque el pelo con secador. Ni bien el pelo tenga una textura suave, separe una sección triangular en la zona parietal.

**2.** Divida la zona de la nuca en dos secciones haciendo una partición vertical. Comenzando desde la parte inferior izquierda de la nuca, batir el cabello apenas con un cepillo de cerda.

**3.** Trabaje en el área temporal y en la zona del flequillo. Trabaje con el lado derecho del mismo modo.

**4–5.** Coloque una parte sobre la otra y estírelas firmemente, enrolle los extremos hacia adentro en el área baja de la nuca y ajústelas.

**6–10.** Bata el pelo en el área parietal del mismo modo y enrule con una pinza de enrular. Conecte con la figura principal. Esta figura no será equilibrada. La coronilla es aplanada mientras que la nuca es más pesada.

### Coiffure

**1.** Appliquer la mousse Osis Volume Shot pour humidifier les cheveux, et sécher à l'air chaud. Dès que les cheveux ont une texture soyeuse, dessiner un triangle sur le pariétal.

**2.** Séparer la nuque en deux sections en traçant une raie verticale. Crêper légèrement les cheveux avec une brosse en soie en commençant dans la partie gauche de la nuque inférieure.

**3.** Progresser vers la tempe puis vers la frange. Travailler sur le côté droit en procédant de la même manière.

**4–5.** Placer une section sur l'autre et les serrer; rouler les extrémités à l'intérieur dans la nuque inférieure et les attacher.

**6–10.** Crêper les cheveux sur le pariétal en procédant comme précédemment, et faire des boucles avec un fer à friser. Connecter à la forme principale. Cette forme n'est pas supposée être équilibrée. La couronne est plate tandis que la nuque est plus lourde.

*Hairstyle/Peinado/Coiffure: Tyler Johnston, Lesley Lawson for Schwarzkopf Professional*
*Make-up/Maquillaje/Maquillage: Desmond Grundy*
*Photo/Foto/Photo: Anna Kovacic*

### Hairdo

**Preliminaries:** Laura's natural color is a base 5-0 (light brown).
The hair was colored with Igora Vibrance 4-66 (Medium brown auburn extra) mixed with Igora Vibrance developer 4% mixed in a ratio of one part 4-66 together with 2 parts of developer lotion to give a rich depth and high gloss shine. The colour was developed according to manufacturers shade guide instructions.

**1–3.** A circular section is chosen and combed in at the crown area. The hair within this section is put into a small tightly secured pony tail.

**4.** The hair was then set on large Velcro rollers and sprayed with Silhouette flexible hold hairspray. A dressing doughnut is placed on top of the circular section and the pony tail pulled through.

**5.** The tail is fixed under rollers as shown on the photo.

**6–10.** The doughnut is then pinned into place to avoid it slipping out of position. Narrow hair sections are taken around the perimeter of the doughnut as shown and these sections are gently combed up over the doughnut to build up a conical shape. Use hairspray which is sprayed onto each section before brushing the hair into a smooth polished shape.

### Recogido

**Preliminare:** el color natural de Laura es una base 5-0 (castaño).
El pelo es teñido con Igora Vibrance 4-66 (Medium Castañomarrón extra) mezclado con Igora Vibrance revelador 4% mezclado en una rango de 1 parte 4-66 junto con 2 partes de loción revelador para dar profundidad y más brillo. Se deja actuar la tintura según las instrucciones del fabricante.

**1–3.** Seleccionar una sección circular en la coronilla, peinar hacia arriba en una cola de caballo y sujetar firmemente.

**4.** Colocar el cabello en ruleros de velcro y rociarlo con fijador Silhouette flexible. Ubicar una arandela de peluquería sobre la sección circular y pasar la colita por el centro.

**5.** El pelo de la colita se sujeta por debajo, como se muestra en la foto.

**6–10.** Fijar con horquillas la arandela para evitar que se deslice. Tomar secciones angostas alrededor del perímetro de la arandela como se muestra. Peinar suavemente hacia atrás cada una de las secciones. Antes de colocarlo rociar cada sección con el fijador spray flexible Silhouette y cepillar para suavizar y dar brillo.

### Coiffure

**Préliminaires:** la couleur naturelle des cheveux est une base - 5-0 (brun clair).
Les cheveux ont été colorés avec le produit Igora Vibrance 4-66 (châtain moyen extra) mélangé au révélateur Igora Vibrance 4%, à raison d'une dose de 4-66 pour 2 doses de révélateur afin d'assurer une profondeur riche et un brillant lustre. Le coloris a été développé conformément aux consignes du fabricant en ce qui concerne les tons.

**1-3.** Tracer une section circulaire sur la couronne puis la peigner. Réunir les cheveux de cette section en une petite queue de cheval, et l'attacher fermement.

**4.** Installer alors la queue de cheval sur un rouleau velcro assez large et vaporiser le fixateur flexible Silhouette. Placer un donut de coiffure sur le dessus de la section circulaire et faire passer la queue de cheval à travers.

**5.** Fixer la queue de cheval sous des rouleaux, comme illustré sur la photographie.

**6-10.** Epingler le donut de manière à ce qu'il ne glisse pas. Prendre des sections étroites de cheveux sur le périmètre du donut, comme illustré, puis peigner doucement vers le haut pour recouvrir le donut et créer ainsi une forme conique.
Vaporiser un fixateur sur chacune des sections avant de peigner les cheveux en une forme bien lisse.

**Hairstyle/Peinado/Coiffure:** *Patrick Cameron*
**Make-up/Maquillaje/Maquillage:** *Alison Chesterton*
**Style:** *Marco Erbi*
**Photo/Foto/Photo:** *Alistair Hughes*
**Products/Productos/Produits:** *System Professional by Wella Professionals*

 **Hairdo**

**1.** Section from ear to crown to ear and place into a pony tail below crown.
**2.** Place end elastic half way down ponytail.
**3.** Backcomb bottom half of ponytail.
**4.** Roll top of ponytail.
**5–6.** Spread out to the sides to create a bouffant effect.
**7.** Take half of the right front section straight back and criss cross grips down and in front of base. Repeat on left front section.
**8.** Place right tail over bun keeping tail wide like ribbons.
**9.** Tuck tails under and around.
**10.** Drape front section back.
**11.** Grip to hold.
**12.** Drape tails over top and tuck under.

 **Recogido**

**1.** Tomar una sección trazando una raya de oreja a oreja. Hacer una cola de caballlo y sujetarla debajo de la coronilla.
**2.** Colocar un elástico en la mitad de la colita.
**3.** Peinar a contrapelo la mitad inferior de la colita.
**4.** Enroscar la colita desde la parte de arriba.
**5–6.** Separa hacia los costados para crear un efecto abovedado.
**7.** Tomar la mitad de la sección delantera derecha estirándola hacia atrás entre-cruzándose en la base delantera y trasera. Repetir con la sección izquierda.
**8.** Colocar la colita derecha sobre el rodete manteniendo la cola abierta como un lazo.
**9.** Ajustar las puntas debajo y alrededor.
**10.** Envolver con la sección delantera hacia atrás.
**11.** Sujetar con horquillas.
**12.** Envolver las puntas alrededor y sujetar.

 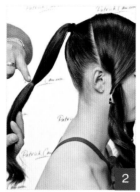  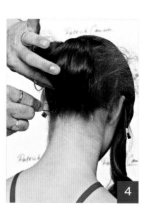 

**Coiffure**

**1.** Tracer une raie d'une oreille à l'autre en passant par la couronne, puis faire une queue de cheval sous la séparation.

**2.** Nouer un élastique au milieu de la queue de cheval.

**3.** Crêper la moitié inférieure de la queue de cheval.

**4.** Rouler la partie supérieure de la queue de cheval.

**5-6.** Déployer sur les côtés pour créer un effet bouffant.

**7.** Prendre la moitié de la section frontale droite, la ramener directement vers l'arrière et l'attacher avec des pinces invisibles en bas et devant la base. Procéder de la même manière avec la section gauche.

**8.** Placer la queue de cheval de la section droite par dessus le chignon en laissant la queue large comme des rubans.

**9.** Rentrer les cheveux sous et autour du chignon.

**10.** Draper la section avant sur l'arrière.

**11.** Bien attacher.

**12.** Draper les cheveux défaits sur le chignon et dissimuler les pointes sous celui-ci.

*Hairstyle/Peinado/Coiffure: Diadema*
*Make-up/Maquillaje/Maquillage: 20100Milano*
*Photo/Foto/Photo: Stefano Bidini*

### Hairdo

**1.** Take a section at the fringe zone in a rectangle form making side partings at the level of outer eyebrows' corners.

**2.** Make a parting from ear to ear. Take a triangle section 1 centimeter lower the crown.

**3.** Make a square section on the right side of the occipital zone so that one side of the square coincided with the triangle side.

**4.** Comb the rest of the hair from the occipital zone to the right and set into a "sea shell".

**5.** Make a diagonal parting to divide the square into two parts.

**6.** Set the hair from the left side of the square in a wave form, strengthening it on the left.

**7–8.** Stretch out the strands of the other square part, then set, continuing the form of the "sea shell".

**9.** Set the hair of the right temple zone above the "sea shell".

**10.** Divide the triangle section into four parts.

**11.** Set the outermost left strand in the form of a flat wave.

**12.** Set the central strand above the wave formed from the square.

**13.** Set the right strand at one's own choosing way.

**14.** Comb back the fringe in some direction and twirl outside.

**15.** Set the upper strand in the form of small ringlets.

### Recogido

**1.** Tome una sección rectangular en la zona del flequillo haciendo una raya lateral a la altura del borde externo de la ceja.

**2.** Haga una partición de oreja a oreja. Tome un triángulo de 1 centímetro por debajo de la coronilla.

**3.** Haga una sección cuadrada en el lado derecho de la zona occipital, de modo tal que un lado del cuadrado coincida con el lado del triángulo.

**4.** Peine hacia la derecha, el resto del cabello de la zona occipital colóquelo en forma de caracol marino.

**5.** Haga una partición diagonal que divida el cuadrado en dos partes.

**6.** Coloque el pelo del lado izquierdo del cuadrado en forma de ola. Intensificándolo en la izquierda.

**7–8.** Estreche las mechas de la otra parte del cuadrado, luego colóquelo continuando la forma del caracol marino.

**9.** El pelo de la zona temporal derecha se coloca arriba del caracol marino.

**10.** Divida la zona triangular en cuatro partes.

**11.** Coloque la mecha del extremo izquierdo en la forma de una ola plana.

**12.** Coloque la mecha central por encima de la ola formada desde el cuadrado.

**13.** Coloque la mecha derecha en el modo que cada uno elija.

**14.** Peine nuevamente el flequillo en alguna dirección y gírelo hacia afuera.

**15.** Forme con la mecha superior un pequeño bucle.

### Coiffure

**1.** Isoler une section rectangulaire sur la frange en traçant des raies latérales au niveau des coins extérieurs des sourcils.

**2.** Tracer une raie d'une oreille à l'autre. Isoler une section triangulaire 1 cm au-dessous de la couronne.

**3.** Réserver une section en carré sur le côté droit de l'occiput de manière à ce qu'un côté du carré coïncide avec le côté de la section triangulaire.

**4.** Peigner sur la droite le reste des cheveux sur l'occiput et former un "coquillage".

**5.** Tracer une raie diagonale pour diviser le carré en deux parties.

**6.** Former une vague avec les cheveux du côté gauche du carré en les renforçant sur la gauche.

**7–8.** Tendre les mèches de l'autre partie carrée, puis coiffer en continuant la forme de "coquillage".

**9.** Coiffer les cheveux sur la tempe droite au-dessus du "coquillage".

**10.** Diviser la section triangulaire en quatre parties.

**11.** Coiffer la mèche la plus à gauche en forme de vague plate.

**12.** Coiffer la mèche centrale au-dessus de la vague formée à partir du carré.

**13.** Coiffer la mèche droite à votre discrétion.

**14.** Peigner la frange vers l'arrière et la tourner vers l'extérieur.

**15.** Coiffer la mèche supérieure en forme de petites boucles.

11

12

13

14

15

**Hairstyle/Peinado/Coiffure:** *Royston Blythe Artistic Team for L'Oréal Professionnel*
**Make-up/Maquillaje/Maquillage:** *Justin Collins*
**Photo/Foto/Photo:** *Rory Brookland*
**Style:** *Margot Raybold, Beatties, Wolverhampton*
**Products/Productos/Produits:** *L'Oréal Professionnel*

### Hairdo

**1.** Part the hair at the natural parting. Take a section from the front hair line to just above the ear and brush through. Secure tightly with hair elastic just above and behind the ear.
**2.** Take a second and subsequent vertical section behind this one and in line with the end of the natural parting at the crown. Secure with hair elastic slightly below the first secured section and comb through.
**3.** Work around the head creating a further central back section and then two further sections moving back up the head, keeping them in line with the corresponding section on the other side. Leave out the fringe section as shown.
**4.** Beginning on the fringe section comb the whole section forward and spray with styling spray.
**5.** Sweep the section back in a curve beneath the last section to be secured by elastic.
**6.** Combine the tail of the fringe section with the fourth section to be secured by elastic.
**7.** Smooth first section that was secured in band using a comb.
**8.** Take a fine section of hair and wrap around the base of the ponytail.
**9.** Loop hair round.
**10.** Continue creating curls by wrapping hair round fingers then gripping curls in place.

### Recogido

**1.** Separe el pelo en la partición natural. Tome una sección de la línea de pelo del frente hasta justo arriba de la oreja y cepíllela. Asegúrela firmemente con un elástico para pelo, justo arriba y detrás de la oreja.
**2.** Tome una segunda y subsecuente sección vertical detrás de esta y en línea con el final de la partición natural en la coronilla. Asegúrela con un elástico para pelo apenas debajo de la primera sección asegurada y péinela.
**3.** Trabaje alrededor de la cabeza creando una sección central trasera y luego, dos secciones más moviendo un poco la cabeza hacia arriba, manteniéndolas en línea con la sección correspondiente del otro lado. Deje el flequillo como se muestra.
**4.** Comenzando con la sección del flequillo peine toda la sección hacia adelante y rocíela con Spray modelador.

**5.** Vuelque la sección de nuevo hacia el costado en una curva debajo de la última sección para que sea asegurada con un elástico.
**6.** Combine la cola de la sección del flequillo con la cuarta sección y asegúrela con un elástico.
**7.** Suavice la primera sección que fue asegurada con una bandita usando un peine.
**8.** Tome una buena sección de pelo y envuélvala alrededor de la cola de caballo.
**9.** Enrolle el pelo alrededor.
**10.** Continúe creando rulos envolviendo el pelo alrededor del dedo y luego ajustándolos en el lugar.

### Coiffure

**1.** Séparer les cheveux suivant la séparation naturelle. Prendre une section de la bordure frontale jusqu'au dessus de l'oreille et passer la brosse sur cette section. Attacher fermement cette section avec un élastique pour cheveux juste au-dessus de l'oreille légèrement derrière celle-ci.
**2.** Prendre une deuxième section verticale adjacente derrière la première en respectant l'extrémité de la séparation naturelle au niveau de la couronne. Attacher avec un élastique pour cheveux légèrement au-dessous de la première section, et la peigner.
**3.** Travailler autour de la tête, créant une section centrale à l'arrière, et deux autres sections supplémentaires en remontant de l'autre côté de la tête. Ces deux sections doivent respecter les sections correspondant réalisées du premier côté. Laisser la frange libre, comme indiqué sur l'illustration.
**4.** Peigner toute la section sur le devant en commençant par la frange, et vaporiser cette section avec un fixateur.
**5.** Balayer cette section vers l'arrière en formant une courbe sous la dernière section attachée avec un élastique.
**6.** Réunir la queue de la frange avec la quatrième section attachée avec un élastique.
**7.** Lisser avec un peigne la première section attachée avec un élastique.
**8.** Prendre une fine mèche de cheveux et l'enrouler autour de la base de la queue de cheval.
**9.** Former une boucle avec les cheveux.
**10.** Continuer à créer des boucles en enroulant les cheveux autour de vos doigts, puis fixer les boucles en place.

***Hairstyle/Peinado/Coiffure:*** *Royston Blythe Artistic Team for L'Oréal Professionnel*
***Make-up/Maquillaje/Maquillage:*** *Justin Collins*
***Photo/Foto/Photo:*** *Rory Brookland*
***Style:*** *Margot Raybold, Beatties, Wolverhampton*
***Products:*** *L'Oréal Professionnel*

### 🇬🇧 Hairdo

**1.** Part the hair by allowing to fall at the natural parting. The whole head was set on medium sized heated rollers leaving out the fringe section in a line taken horizontally from ear to ear. Each section is misted with styling spray before being rolled, with tension, and secured.
**2.** Allow the rollers to cool and set completely.
**3.** Gently remove all the rollers.
**4.** Shows hair after rollers are removed.
**5.** Gather a section of hair at the top crown leaving out a shallow fringe section. Thread this ponytail through a bun ring and secure. Working with the fringe section, comb the section to sweep over the forehead and secure the ends at the base of the bun ring.
**6.** Continue using hair to loop over and cover bun ring. Secure with grips.
**7.** Take a larger section from the same side and loop around the bun ring, then secure. Continue to pin up the hair leaving each section with very loose tension until complete.
**8.** Select a crown hair piece/partial wig to match the natural hair.
**9.** Place over the bun ring and natural hair.
**10.** Secure the hair piece at the height of the bun ring and blend with the natural waves and curls.

### Recogido

**1.** Divida el pelo permitiendo que caiga en la partición natural. Se colocan ruleros térmicos tamaño mediano en toda la cabeza dejando fuera la sección del flequillo en una línea tomada horizontalmente de oreja a oreja. Cada sección es vaporizada con spray modelador antes de colocarle los ruleros y de asegurarlos firmemente.
**2.** Permita que los ruleros se enfríen y estén completamente colocados.
**3.** Quite delicadamente los ruleros.
**4.** Muestra el cabello luego de retirar los ruleros.
**5.** Reúna una sección de pelo en la coronilla dejando fuera una sección superficial del flequillo. Enhebre esta cola de caballo a través de un rodete y asegúrela. Trabajando con la sección del flequillo, peine la sección hacia la frente y asegure los extremos en la base del rodete.
**6.** Continúe usando el cabello para que se enrule y cubra el rodete. Asegure con sujetadores.
**7.** Tome una sección más grande del mismo lado y enrule alrededor del rodete y asegúrela. Ajuste luego el pelo con ganchos de pelo dejando cada sección sin tensionar hasta completar.
**8.** Seleccione un postizo para la coronilla que combine con el pelo natural.
**9.** Colóquela sobre el rodete y el pelo natural.
**10.** Asegure el postizo a la altura del rodete y ensámblelo con ondas naturales y rulos.

### Coiffure

**1.** Séparer les cheveux en respectant leur séparation naturelle. Mettre en place des rouleaux chauffés sur toute la tête, à l'exception de la frange qui est laissée libre à partir d'une ligne tracée horizontalement d'une oreille à l'autre. Pulvériser chaque mèche avec un fixateur avant de l'enrouler, bien serrer et attacher.
**2.** Laisser les rouleaux refroidir complètement et boucler les cheveux.
**3.** Retirer soigneusement les rouleaux.
**4.** L'illustration montre les cheveux après le retrait des rouleaux.
**5.** Réunir une section de cheveux sur le dessus de la couronne en laissant une frange peu profonde libre. Passer cette queue de cheval dans un bandeau à chignon et fixer en place. Travailler sur la frange. Peigner la section pour la balayer par dessus le front et attacher les extrémités à la base du bandeau à chignon.
**6.** Continuer en utilisant les cheveux pour entourer et recouvrir le bandeau à chignon. Attacher avec des épingles.
**7.** Prendre une large section du même côté, l'entourer autour du bandeau à chignon, puis l'attacher. Continuer à épingler tous les cheveux en laissant chaque section lâche.
**8.** Choisir un faux chignon (ou une perruque partielle) assorti aux cheveux naturels.
**9.** Placer celui-ci par dessus le bandeau à chignon et les cheveux naturels.
**10.** Attacher le faux chignon à la hauteur du bandeau à chignon et mêler avec les vagues et boucles naturelles.

***Hairstyle/Peinado/Coiffure:*** *Tamara Badalyan*
***Make-up/Maquillaje/Maquillage:*** *Natalia Philimonova*
***Photo/Foto/Photo:*** *Michael Markin*

### Hairdo

**1.** Isolate the top area in a rectangular shape; make a high ponytail from the rest of the hair.

**2.** With zigzag partings, divide the rectangular area into three sections.

**3.** Work on each of the three sections using irons with kilting tip.

**4.** With a vertical parting divide the ponytail into two parts, and work on one of them using irons with kilting tip.

**5–7.** With the help of wooden sticks twirl the goffered strands into tubules and fasten them.

**8–10.** Style the strands of the ponytail in free manner considering the desired shape of the hairstyle.

### Recogido

**1.** Separar el área superior en forma rectangular; hacer una cola de caballo con el resto del pelo.

**2.** Dividir el área rectangular en tres secciones con una raya en zigzag.

**3.** Trabajar en cada una de las tres secciones usando una planchita de plisar.

**4.** Con una partición vertical dividir la cola de caballo en dos partes y trabajar en una de ellas con la planchita de plisar.

**5–7.** Con la ayuda de palitos de madera enroscar los mechones plisados en "tubules" y sujetarlos.

**8–10.** Modelar las mechas de la cola de caballo libremente teniendo en cuenta el estilo de peinado deseado.

### Coiffure

**1.** Isoler le dessus du crâne en traçant une forme rectangulaire, puis faire une queue de cheval rehaussée avec le reste des cheveux.

**2.** Diviser le rectangle en trois sections en traçant des raies et zig-zag.

**3.** Travailler sur chacune des trois sections à l'aide d'un fer à gaufrer.

**4.** Diviser la queue de cheval en deux en traçant une raie verticale, et travailler sur une moitié en utilisant un fer à gaufrer.

**5–7.** A l'aide de baguettes en bois, tortiller les mèches gaufrées en tubules et les attacher.

**8–10.** Coiffer les mèches de la queue de cheval à mains levées prenant en considération la forme souhaitée de la coiffure.

***Hairstyle/Peinado/Coiffure:*** *Tamara Badalyan*
***Photo/Foto/Photo:*** *Mikhail Markin*

 **Hairdo**

**1.** Separate a triangular-shaped area at the front and fix the hair.

**2.** Gather the remaining hair into a low ponytail at the nape.

**3.** Divide the pony vertically into two parts.

**4.** Divide the first part of the pony into two strands and turn each of them anticlockwise.

**5–6.** Turn the both wisps clockwise. Repeat on the second part of the ponytail. Pinch the wisps to add volume.

**7.** Place the wisps around the base of the ponytail.

**8.** Divide the hair of the front area into two parts by making a central parting and turn into a double wisp.

**9.** Pinch the wisp to add volume.

**10.** Pull the wisp back and place it, fixing with pins. Hide the end at the nape. Fix the hair with spray.

 **Recogido**

**1.** Separar un área en forma de triangulo en el frente y sujetarlo.

**2.** Recoger el resto del cabello en una cola de caballo a la altura de la nuca.

**3.** Dividir la colita verticalmente en dos.

**4.** Dividir la primera parte de la colita en dos mechas y girar cada una en sentido contrario a las agujas el reloj.

**5–6.** Girar ambos mechones en sentido horario. Repetir en la segunda parte. Ajustarlas para que adquiera volumen.

**7.** Ubicar los mechones alrededor de la colita.

**8.** Dividir el pelo del area frontal en dos partes mediante una raya central y retorcer las en una mecha doble.

**9.** Ajustarlos para que adquieran volumen.

**10.** Llevar el mechón hacia atrás sujetándolo con horquillas. Esconder la punta en la nuca. Aplicar Spray.

**Coiffure**

**1.** Former un triangle avec les cheveux sur le front et sur l'os devant et le fixer avec des pinces.

**2.** Prendre les cheveux restants et en faire une queue de cheval inférieure sur la nuque.

**3.** Diviser la queue de cheval verticalement en deux parties égales.

**4.** Diviser la première partie de la queue de cheval en deux mèches et rouler chacune d'elles dans le sens inverse des aiguilles d'une montre.

**5–6.** Ensuite rouler ensemble les deux mèches dans le sens des aiguilles d'une montre. Procéder de la même manière dans la seconde partie de la queue de cheval. Créer une forme volumineuse avec des pinces.

**7.** Coiffer par libres mouvements les sections des cheveux autour de la racine de la queue de cheval.

**8.** Diviser les cheveux du front et de l'os pariétal par une raie droite en deux parties et faire une tresse de double section (voir 4).

**9.** Créer une forme volumineuse avec des pinces.

**10.** Ramener la section des cheveux en arrière, la mettre en place et la fixer avec des épingles. Dissimuler les pointes dans la nuque. Fixer les cheveux coiffés avec un spray.

***Hairstyle/Peinado/Coiffure:*** *Tamara Badalyan*
***Make-up/Maquillaje/Maquillage:*** *Natalia Philimonova*
***Photo/Foto/Photo:*** *Michael Markin*

### Hairdo

**1–2.** Make a parting from ear to ear. Gather the hair of the nape area into a high ponytail on the crown.

**3.** Wind the hair of the top and temple areas and the strands from ponytail on hair rollers.

**4–5.** With the help of hairpins, fasten a pad on the nape area close to the ponytail.

**6.** Cover the pad with strands from the ponytail.

**7–9.** Divide the hair of the top area into two with a vertical parting. Use your fingers to comb the hair, and then pull the hair back and fasten in around the base of the pad twisting the hair into a tight plait. Leave the ends loose.

### Recogido

**1–2.** Trazar una raya de oreja a oreja. Recoger el cabello del área de la nuca en una cola de caballo alta en la coronilla.

**3.** Enrollar en ruleros el pelo de la parte superior y de las sienes y también los mechones de la cola de caballo.

**4–5.** Con la ayuda de una horquilla, sujetar una almohadilla en la nuca junto a la cola de caballo.

**6.** Cubrir la almohadilla con los mechones de la cola de caballo.

**7–9.** Dividir el pelo del área superior en dos con una raya vertical. Peinar con los dedos, y luego, llevar el pelo hacia atrás y sujetarlo alrededor de la base de la almohadilla haciendo un rodete bien ajustado. Dejar los extremos sueltos.

### Coiffure

**1–2.** Tracer une raie d'une oreille à l'autre. Réunir les cheveux dans la nuque en une queue de cheval rehaussée sur la couronne.

**3.** Enrouler sur des rouleaux les cheveux sur le dessus du crâne et sur les tempes, ainsi que les mèches de la queue de cheval.

**4–5.** A l'aide d'épingles à cheveux, fixer un coussinet dans la nuque à proximité de la queue de cheval.

**6.** Recouvrir le coussinet avec des mèches de la queue de cheval.

**7–9.** Diviser les cheveux sur le dessus du crâne en deux par une raie verticale. Utiliser vos doigts pour coiffer les cheveux, puis tirer les cheveux vers l'arrière et les fixer autour de la base du coussinet en faisant un tortillon bien serré. Laisser les extrémités libres.

***Hairstyle/Peinado/Coiffure:*** *Anna Starostina*
***Style:*** *Vita Grozdiskaya*
***Photo/Foto/Photo:*** *Vita Grodzitskaya*

 **Hairdo**

1. Use goffer iron to create soft texture from roots to ends.
2–3. Section and gather as shown.
4. Gather the hair on occipital and temporal zones together toward the face to form a pony tail.
5–8. Braid tail toward face joining strands from the separated sections on each side alternatively, into the continuing braid.
9. Continue braiding around the parietal zone all the way to ends.
10. Hide the hair ends on the occipital zone where originally gathered.
11. Pull out a few wisps from the plait to soften.

 **Recogido**

1. Usar una planchita para crear una textura suave desde la raíz a la punta.
2–3. Separar y juntar como se muestra.
4. Unir el pelo en las zonas occipital con el de la temporal hacia la cara formando una cola de caballo.
5–8. Hacer una trenza cosida hacia la cara uniendo mechas de las distintas secciones a cada lado alternativamente en una trenza continua.
9. Proseguir la trenza alrededor de la zona parietal todo a lo largo hasta las puntas.
10. Esconder las puntas del pelo en la zona occipital donde originalmente se unió el pelo.
11. Extraer algunas mechitas de la trenza para suavizar.

 **Coiffure**

1. Utiliser un fer à gaufrer pour créer une texture souple des racines aux pointes.
2–3. Séparer et réunir les cheveux comme illustré.
4. Réunir les cheveux sur l'occiput et les tempes vers le visage pour former une queue de cheval.
5–8. Tresser les cheveux de la queue de cheval vers le visage en réunissant les mèches des sections séparées de chaque côté alternativement en une natte continue.
9. Continuer à tresser autour de la zone pariétale sur toute la longueur jusqu'aux pointes.
10. Dissimuler les pointes des cheveux sur l'occiput où ils étaient initialement réunis.
11. Extraire quelques fines mèches de la natte pour adoucir.

*Hairstyle/Peinado/Coiffure:* Olga Grodzitskaya
*Style:* Vita Grodzitskaya
*Photo/Foto/Photo:* Vita Grodzitskaya

### Hairdo

**1.** Make a central vertical parting. Move 3 cm back from the edge line, make a bow-shaped parting from the left side of the head, as it is shown in the picture.
**2.** Start plaiting a braid from the lower nape zone.
**3.** Plait a "spikelet" braid up to the middle of the crown zone.
**4–5.** To turn in the crown zone and continue plaiting along the central vertical parting.
**6.** Make another turn in the crown zone and continue plaiting towards the face.
**7.** Plait an ordinary braid of the hair ends
**8.** Place the braid in the shape of snail
**9.** Plait a similar braid on the other side of the head.
**10.** Increase the plaiting volume by pulling separate thin strands out of the plait.

### Recogido

**1.** Realizar una sección vertical. Mover 3 cm desde la línea de borde, realizar una raya arqueada
**2.** Empezar a trenzar el pelo por la parte baja de la zona occipital.
**3.** Hacer una trenza en forma de "espiga" hasta el medio de la zona de la coronilla.
**4–5.** Doblar en la zona parietal y continuar trenzando a lo largo de la sección central vertical.
**6.** Doblar una vez más en la zona parietal y seguir trenzando hacía la cara.
**7.** Hacer una trenza ordinaria en la punta del cabello.
**8.** Poner la coleta en forma de caracol.
**9.** Hacer una trenza similar en la otra parte de la cabeza
**10.** Aumentar el tamaño de la trenza sacando algunas mechas finas de ella.

### Coiffure

**1.** Tracer une raie verticale. A 3 cm de la bordure frontale, tracer une raie en arc en commençant du côté gauche du crâne, comme illustré sur la photo.
**2.** Commencer à faire une tresse dans la nuque inférieure.
**3.** Faire une tresse en épis en remontant sur le milieu de la couronne.
**4–5.** Pivoter vers l'intérieur de la couronne et continuer à tresser le long de la raie verticale.
**6.** Pivoter de nouveau vers l'intérieur de la couronne et continuer à tresser vers le visage.
**7.** Faire une tresse ordinaire avec l'extrémité des cheveux.
**8.** Arranger la tresse en forme d'escargot.
**9.** Tresser une natte similaire de l'autre côté du crâne.
**10.** Donner du volume à la natte en tirant soigneusement de fines mèches vers l'extérieur de la natte.

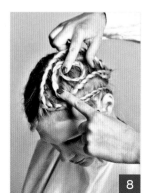

*Hairstyle/Peinado/Coiffure:* Patrick Cameron
*Photo/Foto/Photo:* Alistair Hughes

### Hairdo

**1.** Take rectangular section 1/3" wide from front to crown leaving out soft pieces around the face.

**2.** Divide top area into 4 even strands.

**3.** Weave front strand over, under and back over 1st strand, placing the 1st strand back down beside the other 2 strands.

**4.** Weave 2nd strand over, under and back over 1st strand, placing the 1st strand back down beside the other 2 strands.

**5.** Weave 3rd strand over, under and back over 2nd strand, placing the 2nd strand back down to the other 2 strands.

**6.** Weave 4th strand over, under and back over 3rd strand, placing the 3rd strand back down to the other 2 strands.

**7–10.** Now we can create the same technique but with 6 strands.6

**11.** 7Lay braid on head and pull gently open.

**12.** Grip braid to pony tail base. Divide pony tail into 4 sections.

**13–14.** Repeat braiding technique on the 4 sections.

**15.** Place hair elastic on end.

**16.** Twist braided pony tail around into a circle and hair grip at nape.

**17.** Tuck tails under.

**18.** Grip to hold.

**19.** Individualize front strands with Wella System Professional Hair Polish.

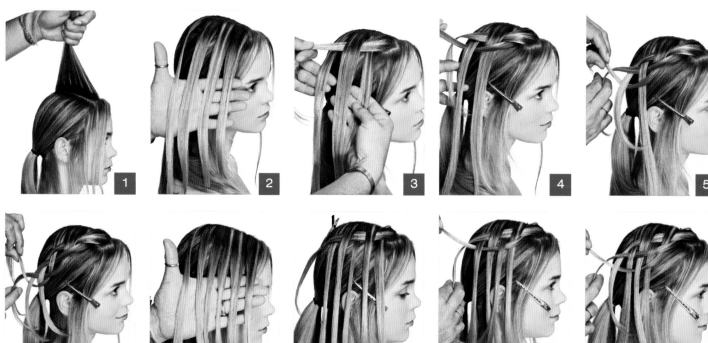

### Recogido

**1.** Tome una sección rectangular de 1/3 de ancho del frente a la coronilla dejando algunas mechas sueltas alrededor de la cara.

**2.** Divida la parte superior en 4 mechones iguales.

**3.** Tejer el mechón del frente sobre, debajo y nuevamente sobre el 1° mechón, colocando el 1° mechón de nuevo abajo, al lado de los otros dos mechones.

**4.** Tejer el 2° mechón sobre, debajo y nuevamente sobre el 1° mechón, colocando el 1° mechón de nuevo abajo, al lado de los otros dos mechones.

**5.** Teja el 3° mechón sobre, debajo y nuevamente sobre el 2° mechón, colocando el 2° mechón de nuevo abajo, al lado de los otros dos mechones.

**6.** Trence el 4° mechón sobre, debajo y nuevamente sobre el 3° mechón, colocando el 3º mechón de nuevo debajo de los otros dos mechones.

**7–10.** Ahora podemos con la misma técnica, pero usando 6 mechones.

**11.** Coloque la trenza sobre la cabeza y ábrala suavemente.

**12.** Junte la trenza a la cola de caballo. Divídala en 4 secciones.

**13–14.** Repita la técnica del trenzado con las cuatro secciones.

**15.** Coloque un elástico al final.

**16.** Enrosque la cola trenzada en un círculo y fíjelo en la nuca.

**17.** Esconda las puntas abajo.

**18.** Sujete la trenza hasta fijarla.

**19.** Individualice las mechas delateras con Wella System Professional Hair Polish.

### Coiffure

**1.** Dessiner une section triangulaire d'une largeur de 1/3 de pouce commençant sur le devant du crâne et se prolongeant sur la couronne, en laissant des mèches souples autour du visage.

**2.** Séparer le dessus du crâne en 4 mèches égales.

**3.** Tresser la 1ère mèche : la passer par-dessus la 2ème mèche, en-dessous de la 3ème, et par-dessus la 4ème, puis la poser à côté de la 4ème et de la 3ème mèche.

**4.** Tresser la 2ème mèche : la passer par-dessus la 3ème mèche, en-dessous de la 4ème, et par-dessus la 1ère, puis la poser à côté de la 1ère et de la 4ème mèche.

**5.** Tresser la 3ème mèche : la passer par-dessus la 4ème mèche, en-dessous de la 1ère, et par-dessus la 2ème, puis la poser à côté de la 2ème et de la 1ère mèche.

**6.** Tresser la 4ème mèche : la passer par-dessus la 1ère mèche, en-dessous de la 2ème, et par-dessus la 3ème, puis la poser à côté de la 3ème et de la 2ème mèche.

**7–10.** Maintenant nous pouvons procéder avec la même technique de tressage, mais en utilisant 6 mèches au lieu de 4.

**11.** Placer la tresse sur la tête et l'écarter délicatement.

**12.** Attacher la tresse à la base de la queue de cheval. Diviser la queue de cheval en 4 sections.

**13–14.** Répéter la technique de tressage avec ces 4 sections.

**15.** Utiliser un élastique pour cheveux à l'extrémité de la tresse.

**16.** Tortiller la queue de cheval tressée en formant un cercle, et attacher les cheveux dans la nuque.

**17.** Rentrer la queue.

**18.** L'attacher pour qu'elle tienne bien.

**19.** Personnaliser les mèches sur le devant avec Wella System Professional Hair Polish.

*Hairstyle/Peinado/Coiffure: Iris Hemzepur for Paul Mitchell*
*Photo/Foto/Photo: Bern Sigl*

### Hairdo

**1.** To make a side parting on a perietal zone. To mark out a strand on the left temporal zone along the regional line.

**2.** The marked strand to braid in a tight plait twisting the hair in direction from the face.

**3.** In a similar manner to work over the whole temporal-side zone separating the strands by vertical partings.

**4–5.** Proceeding to occipital zone to strengthen the plaits with bands near the regional line.

**6.** To twist in plaits the hair of perietal and right temporal-side zones repeating the direction of plaits of occipital zone.

**7.** To replait (as on a chess-board) the plaits braided on perietal and temporal zones.

**8–9.** To tighten the netting. To twist in plaits the free ends. The plait situated closer to side parting to strengthen with hair-pin and to let pass through netting on a front zone. To set another plait behind the ear and to strengthen it with invisible hairpins.

**10.** All the free hair ends on the left temporal and low occipital zones to twist in a common plait placing it along the regional line. To strengthen the netting with invisible hairpins. To cut the bands that are visible.

**11.** To strengthen with a band the free hair ends.

**12.** To let pass the tail through the band and to strengthen with invisible hair-pin. To decorate the hairstyle with flowers.

### Recogido

**1.** Hacer una raya lateral en la zona parietal. Tomar una mecha en la zona temporal izquierda a través de la línea regional.

**2.** Trenzar la zona aislada en una trenza ajustada desde la mecha cercana a la cara.

**3.** Trabajar de manera similar en toda la zona temporal aislando mechas mediante rayas verticales.

**4–5.** Proceder con el área occipital para fijar las trenzas con elásticos cerca de la línea regional.

**6.** Trenzar el cabello de la zona parietal y la sien derecha en la misma dirección de las trenzas del área occipital.

7. Entrelazar las trenzas de las zonas temporal y parietal (como un tablero de ajedrez).

8–9. Fijar la red. Trenzar las puntas libres. Sujetar con horquillas la trenza más cerca de la partición lateral para permitir el paso a través de la red en el frente. Colocar otra trenza detrás de la oreja y fijarla con horquillas invisibles.

10. Hacer una trenza con todas las puntas sueltas del pelo en la sien izquierda y en la zona baja occipital y colocarla a lo largo de la línea regional. Fijar la red con horquillas invisibles. Cortar los elásticos visibles.

11. Ajustar con un elástico, las puntas sueltas de pelo.

12. Hacer pasar la colita a través del elástico y ajustar con horquillas invisibles. Decorar el peinado con flores.

### Coiffure

1. Tracer une raie latérale sur la zone du sinciput. Séparer une mèche sur la zone de la tempe gauche le long de la ligne de bord.

2. Rouler la mèche séparée en boyaux fermes en roulant les cheveux en direction hors du visage.

3. Faire de même sur toute la zone latérale des tempes en séparant des mèches par des raies verticales.

4–5. Fixer des boyaux avec des élastiques sur la ligne de bord en passant vers la zone de la nuque.

6. Rouler en boyaux les cheveux de la zone du sinciput et de la tempe droite en répétant la direction des boyaux de la zone de la nuque.

7. Entrelacer les boyaux de la zone du sinciput et des tempes entre eux (en échiquier).

8–9. Serrer les tresses. Rouler les bouts libres en boyaux. Fixer avec une épingle le boyau le plus proche de la raie latérale et le faire passer à travers les tresses de la zone frontale. Mettre l'autre boyau derrière l'oreille et le fixer avec des pinces invisibles.

10. Rouler tous les cheveux libres de la zone de la tempe gauche et du bas de la zone de la nuque en un boyau en le mettant le long de la ligne de bord. Fixer la tresse avec des pinces invisibles. Couper les élastiques qu'on peut voir.

11. Fixer les bouts libres avec un élastique.

12. Faire passer la queue de cheval sous le boyau et fixer avec une pince invisible. Décorer la coiffure de fleurs.

*Hairstyle/Peinado/Coiffure:* Toni&Guy

### Hairdo

**1.** Isolate the front section as shown in the photo. Work all the rest of the hair with a crimping iron.

**2.** Pull all the hair to the right and turn it into a wisp along the hairline, fix it. Roll the remaining long ends in a wisp and put in a bun above the right ear.

**3.** Tease the hair of the remaining frontal area near the ends, comb the upper strands neatly and put it in a wave above the bun.

### Recogido

**1.** Aislar la sección delantera como se muestra en la foto. Trabajar el resto del cabello con una plancha de plisar.

**2.** Llevar todo el pelo hacia la derecha y enroscarlo en una mecha a lo largo de la línea del pelo y fijarlo. Realizar un rodete con el resto del pelo sobre la oreja derecha.

**3.** Separar el pelo restante del frente cerca de las puntas, peinar las mechas superiores prolijamente y ponerlas en una onda sobre el rodete.

### Coiffure

**1.** Isoler la section sur le devant comme illustré sur la photographie. Travailler sur tout le reste de la chevelure avec un fer à friser.

**2.** Ramener tous les cheveux sur la droite et en faire une fine mèche le long de ligne de contour des cheveux, et l'attacher. Rouler les longues extrémités libres en une fine mèche et la placer en forme de chignon au-dessus de l'oreille droite.

**3.** Coiffer les cheveux restant sur la zone frontale à proximité des extrémités, peigner soigneusement les mèches supérieures et les placer en forme de vague au-dessus du chignon.